Ausbietungsgarantien

AF816700

Schriften zum Handels- und Wirtschaftsrecht

Herausgegeben von Herbert Leßmann

Band 5

PETER LANG
Frankfurt am Main · Berlin · Bern · Bruxelles · New York · Oxford · Wien

Frank Zingel

Ausbietungsgarantien

Rechtliche Probleme eines Kreditsicherungsmittels

PETER LANG
Europäischer Verlag der Wissenschaften

Die Deutsche Bibliothek - CIP-Einheitsaufnahme

Zingel, Frank:

Ausbietungsgarantien : rechtliche Probleme eines Kreditsicherungsmittels / Frank Zingel. - Frankfurt am Main ; Berlin ; Bern ; Bruxelles ; New York ; Oxford ; Wien : Lang, 2001
(Schriften zum Handels- und Wirtschaftsrecht ; Bd. 5)
Zugl.: Marburg, Univ., Diss., 2001
ISBN 3-631-38018-6

D 4
ISSN 1439-4189
ISBN 3-631-38018-6

© Peter Lang GmbH
Europäischer Verlag der Wissenschaften
Frankfurt am Main 2001
Alle Rechte vorbehalten.

Das Werk einschließlich aller seiner Teile ist urheberrechtlich geschützt. Jede Verwertung außerhalb der engen Grenzen des Urheberrechtsgesetzes ist ohne Zustimmung des Verlages unzulässig und strafbar. Das gilt insbesondere für Vervielfältigungen, Übersetzungen, Mikroverfilmungen und die Einspeicherung und Verarbeitung in elektronischen Systemen.

www.peterlang.de

Gewidmet meinen Eltern,
Jürgen und Hannelore Zingel aus Schortens

Vorwort

Diese Arbeit wurde vom Fachbereich Rechtswissenschaften der Philipps-Universität Marburg im Wintersemester 2000/2001 als Dissertation angenommen. Für die Unterstützung bei ihrer Entstehung schulde ich einigen Menschen Dank:

Dies gilt vor allem für meine Eltern. Sie haben mich in meinem ganzen bisherigen Leben immer vorbehaltlos unterstützt und gefördert und damit diese Arbeit überhaupt erst möglich gemacht.

Besonderer Dank gebührt auch Juliane. Sie hat mich nicht nur an den dunkleren Tagen aufgebaut. Sie war auch immer bereit, mir ihren Verstand zu leihen, um über meine Ideen zu diskutieren.

Herrn Prof. Dr. Wolfgang Voit danke ich sehr für die Anregung zu dem behandelten Thema sowie für seine fördernden Anmerkungen. Herrn Prof. Dr. Herbert Leßmann danke ich für die zügige Erstellung des Zweitgutachtens und für die Aufnahme in seine Schriftenreihe zum Handels- und Wirtschaftsrecht.

An dem Gelingen meiner Promotion haben zudem Anteil: Olga Zingel und Fritz Seelkopf, Erich und Klara Baudisch, Gertrud und Horst Barufke sowie Monika Heil. Natürlich habe ich daneben von der Bekanntschaft und Freundschaft zu vielen weiteren Menschen profitiert. Statt vieler möchte ich hier meine Geschwister Jochen und Gunda nennen, die seit meinem dritten bzw. sechsten Lebensjahr ein (angenehmer) Teil meines Lebens sind.

Inhaltsverzeichnis

Abkürzungsverzeichnis

a.A.	andere Ansicht
AcP	Archiv für die civilistische Praxis
ADS	Adler/Düring/Schmaltz
Anm.	Anmerkung(en)
AT	Allgemeiner Teil
BB	Der Betriebs-Berater
BGB	Bürgerliches Gesetzbuch
BGH	Bundesgerichtshof
BGHZ	Bundesgerichtshof – Rechtsprechung in Zivilsachen
BT	Besonderer Teil
BVerfG	Bundesverfassungsgericht
bzgl.	bezüglich
bzw.	beziehungsweise
d.h.	das heißt
Diss.	Dissertation
DJ	Deutsche Justiz
DJZ	Deutsche Juristen-Zeitung
DNotZ	Deutsche Notar-Zeitschrift
DRW	Deutsches Recht (Wöchentlich erscheinende Reihe)
Einf.	Einführung
f.(ff.)	folgende (mehrere folgende) Seiten
Fn.	Fußnote
FS	Festschrift
ggf.	gegebenenfalls
GrEStG	Grunderwerbssteuergesetz
Gruchot	Beiträge zur Erläuterung desDeutschen Rechts
h.M.	herrschende Meinung
HGB	Handelsgesetzbuch
i.S.	im Sinne
InsO	Insolvenzordnung
JuS	Juristische Schulung
JW	Juristische Wochenschrift
JZ	Juristen-Zeitung
KTS	Zeitschrift für Konkurs-, Treuhand- und Schiedsgerichtswesen
LG	Landgericht
LM	Lindenmaier-Möhring, Nachschlagewerk des Bundesgerichtshofes
LZ	Leipziger Zeitschrift für Deutsches Recht
m.w.N.	mit weiteren Nachweisen

MDR	Monatsschrift für Deutsches Recht
MittRhNotK	Mitteilungen der Rheinischen Notarskammer
MünchKomm	Münchener Kommentar
NJW	Neue Juristische Wochenschrift
NJW-RR	Neue Juristische Wochenschrift – Rechtsprechungs-Report Zivilrecht
Nr.	Nummer
OLG	Oberlandesgericht
R	Recht
RG	Reichsgericht
RGRK	Reichsgerichtsrätekommentar
RGZ	Reichsgericht – Rechtsprechung in Zivilsachen
Rn.	Randnummer
Rpfleger	Der Deutsche Rechtspfleger
S.	Satz oder Seite(n)
sog.	sogenannte(n)
u.a.	und andere
Überbl.	Überblick
v.	von
vgl.	vergleiche
Vorbem.	Vorbemerkungen
WM	Zeitschrift für Wirtschafts- und Bankrecht, Wertpapier-mitteilungen
WPg	Die Wirtschaftsprüfung
z.B.	zum Beispiel
ZfV	Zeitschrift für Versicherungswesen
ZIP	Zeitschrift für Wirtschaftsrecht und Insolvenzpraxis
zit.	zitiert
ZVG	Zwangsversteigerungsgesetz
ZwVV	Verordnung über Maßnahmen auf dem Gebiete der Zwangs-vollstreckung

Vorbemerkungen

Diese Arbeit beschäftigt sich mit den verschiedenen unter dem Begriff der **Ausbietungsgarantie** erfassten Verträge. In der Literatur zu diesem Thema findet sich eine ungewöhnliche Vielzahl von Bezeichnungen für die entsprechenden Vereinbarungen. Um dem Leser den Umgang mit dem folgenden Text etwas zu erleichtern, sollen an dieser Stelle zunächst die stetig wiederkehrenden zentralen Begriffe erläutert werden.

Unter einer **Ausbietungsgarantie** wird hier jeder Vertrag verstanden, bei dem jemand die Gewähr dafür übernimmt, dass dem Gläubiger einer Hypothek oder Sicherungsgrundschuld kein Ausfall entstehen wird.

Eine **kurzfristige Ausbietungsgarantie** ist eine Ausbietungsgarantie, die zu einem Zeitpunkt übernommen wird, an dem die Zwangsversteigerung des haftenden Grundstücks unmittelbar bevorsteht oder bereits beantragt ist. Eine **langfristige Ausbietungsgarantie** wird demgegenüber zu einem Zeitpunkt übernommen, an dem die tatsächliche Haftung aus dem Grundstück noch gar nicht voraussehbar ist.

Eine **strenge Ausbietungsgarantie** ist eine Ausbietungsgarantie, bei der der Sicherungsgeber die Abgabe eines Gebotes in der Zwangsversteigerung des haftenden Grundstücks zusagt.

Eine **Ausfallverhütungsgarantie** hingegen ist eine Ausbietungsgarantie, bei der der Sicherungsgeber dem Sicherungsnehmer zusagt, dass dieser einen bestimmten Ausfall in der Zwangsversteigerung nicht erleiden wird, ohne dass er dabei die Verpflichtung zur Abgabe eines Gebotes in der Zwangsversteigerung übernimmt.

Wenn vom **gesicherten Recht** die Rede ist, so ist damit die durch die Ausbietungsgarantie gesicherte Hypothek oder Grundschuld gemeint.

Die Vertragspartner der Ausbietungsgarantie werden, unabhängig von der rechtlichen Einordnung der einzelnen Verträge, durchgehend als **Sicherungsgeber** und **Sicherungsnehmer** bezeichnet.

Hinzuweisen ist noch darauf, dass mit der Bezeichnung der Verträge als „***Garantien***“ keine rechtliche Wertung verbunden ist. Wiedergegeben wird insoweit nur die Terminologie in Rechtswissenschaft und –praxis, die sich in der langjährigen Geschichte der unter dem Begriff der Ausbietungsgarantie erfassten Vertragsgestaltungen allgemein akzeptiert herausgebildet hat.[1] Gerade bei der Ausfallverhütungs“*garantie*“ ist die Frage nach der richtigen rechtlichen Einordnung der Verträge von wesentlicher Bedeutung und soll damit keineswegs vorweggenommen werden.

1 Bereits in der ersten Untersuchung über diese Verträge von Stillschweig JW 1914, 334 ff., wurde der Begriff „Garantie“ für diese Vereinbarungen verwandt.

Einführung

A. Gegenstand der Untersuchung

Gegenstand dieser Untersuchung sind Verträge, bei denen jemand die Gewähr dafür übernimmt, dass der Gläubiger einer Hypothek oder Sicherungsgrundschuld[2] bei einer (etwaigen) Zwangsversteigerung des haftenden Grundstücks keinen Ausfall erleidet. Durch diese Verträge wird also eine bestehende dingliche Sicherung für eine persönliche Forderung ihrerseits noch gesichert. Derartige Verträge werden in der Literatur unter dem Oberbegriff der Ausbietungsgarantie erfasst.[3]

Die erste, grundlegende Untersuchung über diese Vertragsart wurde bereits 1914 vorgelegt.[4] Danach war dieses Rechtsinstitut bis Mitte der 30er Jahre Gegenstand eines lebhaften wissenschaftlichen Interesses.[5] In der Folge ebbte die Zahl der Veröffentlichungen jedoch stark ab. In jüngerer Zeit finden sich lediglich zwei – an praktischen Lösungen orientierte – Arbeiten.[6]

Allein schon angesichts der Weiterentwicklung des Zivilrechtes ist daher eine erneute grundsätzliche Betrachtung der als Ausbietungsgarantien bezeichneten Verträge lohnenswert.

Dabei ist freilich zu beachten, dass sich die Schwerpunkte durch die Handhabung der entsprechenden Verträge in der Rechtspraxis verschoben haben. Viele der in der Zeit vor dem zweiten Weltkrieg kontrovers diskutierten Fragen ergaben sich nämlich aus der Tatsache, dass die geschlossenen Verträge nur

---

2 Theoretisch denkbar wäre auch die Gewährsübernahme für eine selbständige Grundschuld, eine Rentenschuld oder ein sonstiges Recht an einem Grundstück. Praktische Bedeutung hat dies jedoch nicht, da durch eine Ausbietungsgarantie stets ein Sicherungszweck verfolgt wird. Die Parteien wollen die Sicherung einer Sicherung, also die Sicherung einer für eine schuldrechtliche Verbindlichkeit bestellten Hypothek oder Sicherungsgrundschuld.

3 Diese Terminologie ist jedoch nicht einheitlich. Teilweise wird unter dem Begriff der Ausbietungsgarantie auch nur eine der unten dargestellten Erscheinungsformen, nämlich die strenge Ausbietungsgarantie, erfasst. So: Storz, S. 396; Schönke/Baur/Stürner, § 36.8; Deutsches Rechtslexikon, Band 1, S. 352; Creifelds, S. 110.

4 Stillschweig, Ausbietungsgarantie JW 1914, 334 ff.

5 So erschienen in der Zeit von 1922 bis 1936 allein 12 Dissertationen zu diesem Thema. Nach Erscheinungsdaten geordnet sind dies die Arbeiten von: Gotthardt, Die Ausbietungsgarantie, Leipzig 1920; Heil, Die Ausbietungsgarantie, Breslau 1922; Schwieren, Die Ausbietungsgarantie, Gießen 1922; Feuerhake, Die Ausbietungsgarantie, Gießen 1923; Degener, Die Ausbietungsgarantie, Greifswald 1926; Eubel, 1927; Werkmeister, 1931; Schröder, 1931; Zangs, 1931; Pikalo, 1932; Nebe, 1936; Kuth, 1936.

6 Zum einen das 1998 bereits in 6. Auflage erschienene, von Sichtermann begründete, Werk von Hennings zum anderen die Untersuchung von Droste MittRhNotK 1995, 37 ff.

eine sehr geringe rechtsgeschäftliche Ausgestaltung erfuhren.[7] Heute erhalten die entsprechenden Verträge demgegenüber nahezu durchgängig eine ausführliche Ausgestaltung durch die Vertragsparteien.[8] Von dem insoweit veränderten Problembewusstsein der Rechtspraxis zeugt allein schon die Vielzahl an angebotenen Vertragsmustern.[9] Dieser veränderten Ausgangslage muss und soll hier Rechnung getragen werden. Bei der Entwicklung von Lösungen für die verschiedenen Sachprobleme werden immer die in der Praxis verbreiteten Vertragstexte berücksichtigt. Ziel der Arbeit ist es dabei, die entsprechenden Verträge systematisch einzuordnen und davon ausgehend für die im Zusammenhang mit ihnen auftretenden Fragen Antworten zu finden.

B. Wirtschaftlicher Zweck der Ausbietungsgarantien

Wirtschaftlicher Zweck einer Ausbietungsgarantie ist es, eine Sicherheit für den Wert einer Hypothek oder Sicherungsgrundschuld durch Hinzutreten eines persönlichen Schuldners zu bieten. Hintergrund einer solchen Vereinbarung ist also, dass die Hypothek oder Grundschuld allein dem Sicherungsnehmer keine hinreichende Sicherheit zu bieten scheint. Der Wert der Hypothek oder Grundschuld wird durch den Sicherungsgeber gestützt, indem dieser mit seinem Vermögen für eben diesen Wert einsteht. Interessant sind derartige Verträge daher vor allem zur Stützung nachrangiger Rechte an einem Grundstück, bei denen die Gefahr eines Ausfalls in der Zwangsversteigerung in besonderer Weise besteht.

C. Erscheinungsformen - Die strenge Ausbietungsgarantie und die Ausfallverhütungsgarantie

Bei den zu diesem Zweck abgeschlossenen Ausbietungsgarantien lassen sich zwei Erscheinungsformen unterscheiden, je nachdem ob der Sicherungsgeber eine Verpflichtung zur Abgabe eines Gebotes in der Zwangsversteigerung übernimmt oder nicht.

---

7 Dass gerade die fehlende Ausgestaltung viele Probleme aufwirft, hat bereits Stillschweig, Ausbietungsgarantie JW 1914 , 335, festgestellt. Auch das Reichsgericht hat dies in DRW 1940, 1426 besonders hervorgehoben.

8 Eine entsprechende Feststellung findet sich auch bei Droste MittRhNotK 1995, 38.

9 MünchVertragshandbuch(Hagena/Langenfeld) Muster X 9 (S. 288 f.), Muster X 10 (S. 296 f.) und Muster X 11(S. 299 f.); Mohrbutter/Drischler/Radtke/ Tiedemann, Muster 103 (S. 521 f.); Hennings, Muster 4.1 (S. 45 f.) und Muster 4.2(S. 47 f.); Beck'sches Formularhandbuch(Haag), Muster III.I.8.(S. 465f.); Wurm/Wagner/ Zartmann(Benthin), Muster 34o (S. 614 f.).

Letztere Variante wird im Folgenden als Ausfallverhütungsgarantie[10] bezeichnet. In der Literatur finden sich auch Bezeichnungen wie Ausbietungsgarantie mit schwächerer Wirkung[11], Ausbietungsgarantie im weiteren Sinne[12], schlichte Ausbietungsgarantie[13], Ausbietungsgarantie mit bloßer Einstandspflicht[14] oder Ausfallgarantie[15].

Bei einem solchen Vertrag soll der Sicherungsgeber mit einer möglichen Zwangsversteigerung gar nicht in Berührung kommen. Für den Fall, dass das in dieser Zwangsversteigerung abgegebene Meistgebot die Forderung des Sicherungsnehmers aus der Hypothek oder Grundschuld nicht deckt, soll der Differenzbetrag zwischen Forderung und Meistgebot, also der Ausfall des Sicherungsnehmers, durch Zahlung der entsprechenden Geldsumme ausgeglichen werden.

Eine derartige Vereinbarung lautet etwa wie folgt:[16]

„Ausfallverhütungsgarantie

Im Grundstück von ... ist zu Lasten des Grundstücks FlSt. Nr. ... in Abt. III eine Grundschuld in Höhe von ... für die B-Bank eingetragen. A übernimmt gegenüber der B-Bank die Gewähr für diese Grundschuld in folgendem Umfang:

A steht dafür ein, dass der B-Bank in einer Zwangsversteigerung des haftenden Grundstücks kein Ausfall an Kapital, Zinsen, sonstigen Nebenleistungen und Kosten entsteht. Eine Pflicht zum Erwerb des belasteten Grundstücks hat A nicht.“

Hingegen sagt der Sicherungsgeber in der ersten Variante zu, gegebenenfalls in der Zwangsversteigerung ein Gebot in bestimmter Höhe abzugeben. Dieser Vertrag wird hier als strenge Ausbietungsgarantie bezeichnet. Anzutreffen sind auch Bezeichnungen wie echte[17], eigentliche[18] oder reine[19] Ausbietungs-

---

10 So z.B. auch die Benennung dieser Vertragsart bei Steiner(Storz), § 66 Rn. 25. Auch der BGH verwendet diesen Begriff. Siehe dazu: BGH NJW 1999, 711.

11 Mohrbutter/Drischler/Radtke/Tiedemann, Anm. Muster 103 Nr. 3 (S. 525).

12 Kalter KTS 1964, 194.

13 Zeller/Stöber, § 71 Rn. 8.5.

14 Pikalo, S. 27.

15 Hennings, S. 14. Eine Bezeichnung, die Storz, S. 400, zu Recht als missverständlich kritisiert.

16 Vgl. zu den Formulierungsmöglichkeiten: Hennings, Muster 4.1 Nr. 1 und Nr. 2; MünchVertragshandbuch(Hagena/Langefeld), Muster X.10 § 1 und § 2 (S. 296).

17 Droste MittRhNotK 1995, 40.

18 Storz, S. 398.

19 Hennings, S. 35.

garantie, Ausbietungsgarantie mit Bietungspflicht[20], Ausbietungspflicht[21], Ausbietungsgarantie mit stärkerer Wirkung[22]. Formuliert kann ein solcher Vertrag verschieden sein.

Entweder wird ein konkretes vom Sicherungsgeber abzugebendes Gebot festgelegt:[23]

„Strenge Ausbietungsgarantie
Im Grundbuch von ... ist zu Lasten des Grundstücks FlSt. Nr. ... in Abt. III eine Grundschuld in Höhe von ... für die B-Bank eingetragen.

A verpflichtet sich in der Zwangsversteigerung dieses Grundstücks ein Gebot in Höhe von ... abzugeben."

Oder aber die eigentliche Verpflichtung wird allgemeiner gehalten:[24]

„Strenge Ausbietungsgarantie
Im Grundbuch von ... ist zu Lasten des Grundstücks FlSt. Nr. ... in Abt. III eine Grundschuld in Höhe von ... für die B-Bank eingetragen."

A verpflichtet sich in der Zwangsversteigerung des haftenden Grundstücks ein Gebot abzugeben, das die Gesamtforderung der B-Bank aus der Grundschuld einschließlich Zinsen und sonstigen Nebenleistungen deckt."

Abzugrenzen sind derartige Vereinbarungen von dem sogenannten Ausbietungsvertrag[25]. Bei einem solchen vereinbaren der Gläubiger einer Hypothek oder Grundschuld und ein Erwerbsinteressent bestimmte Vergünstigungen und Vorteile für den Fall der Ersteigerung des haftenden Grundstücks. Im Unterschied zur strengen Ausbietungsgarantie wird aber keine Verpflichtung zum Erwerb des Grundstücks übernommen.

---

20 Pikalo, S. 9.

21 Stillschweig, Ausbietungsgarantie JW 1914, 336; Nebe, S. 10.

22 Mohrbutter/Drischler/Radtke/Tiedemann, S. 524.

23 Formulierungsvorschläge machen: Wurm/Wagner/Zartmann, Muster 34o (S. 614 f.); Mohrbutter/Drischler/Radtke/Tiedeman, Muster 103 I a) und b) (S. 521).

24 Siehe die Formulierungsvorschläge in: Beck'sches Formularbuch(Haag), Muster III.I.8 § 1 (S. 465); MünchVertragshandbuch(Hagena/Langenfeld), Muster X 9 §1 und § 2 (S. 288); Hennings, Muster 4.2 Nr. 1 und 3 (S. 47).

25 Ein Vertragsmuster für eine solche Vereinbarung findet sich im MünchVertragshandbuch(Hagena/Langenfeld), Muster X. 12 (S. 302 f.).

D. Die unterschiedlichen Spielarten der strengen Ausbietungsgarantie und der Ausfallverhütungsgarantie

Die beiden genannten Erscheinungsformen können im Rechtsverkehr zudem in verschiedenen Spielarten auftreten:

I. Selbständige und unselbständige Verpflichtung

Vor allem die Ausfallverhütungsgarantie kann als Teil einer anderen Vereinbarung, durch die über das Grundstück oder ein Recht an dem Grundstück verfügt wird, abgeschlossen werden. Ein Beispiel dafür ist etwa der folgende Fall:[26]

K erwarb von V ein Grundstück. Der Restkaufpreis wurde gestundet. Für diesen Restkaufpreis bestellte der K dem V eine Restkaufgeldhypothek. Zusätzlich übernahm er eine Ausbietungsgarantie. Diese sollte dem V für den Fall der beabsichtigten Weiterveräußerung des Grundstücks, bei der der Zweiterwerber schuldbefreiend gemäß § 416 BGB die Schuld des K übernehmen sollte, Sicherheit bieten.

Derartige Verträge, bei denen die Gewährsübernahme Teil eines anderen Vertrages ist, werden zumeist als unselbständige Ausbietungsgarantien bezeichnet.[27] Ein weiteres Beispiel dafür ist etwa die Gewährsübernahme durch den Zedenten einer Hypothek oder Grundschuld.[28]

Häufiger sind jedoch Fälle, in denen die Ausbietungsgarantie von jemanden abgegeben wird, der keine Beziehung zu dem Grundstück oder dem Recht an dem Grundstück hat. Typisch für diese in der Literatur als selbständige Ausbietungsgarantie[29] bezeichnete Unterart ist der folgende Fall:[30]

Ein Grundstücksmakler erwarb in Stellvertretung für den Käufer K Wohnungseigentum. Die dazu notwendigen Finanzmittel sollten durch ein Kreditinstitut zur Verfügung gestellt werden. Dieses war zum Abschluss des

---

26 RGZ 86, 280. Es wird bei diesem Urteil nicht recht klar, ob der Entscheidung ein Fall der strengen Ausbietungsgarantie oder der Ausfallverhütungsgarantie zugrunde lag.

27 Hennings, S. 13; Droste MittRhNotK 1995, 39.

28 Hierzu und zu anderen Fällen von sogenannten unselbständigen Ausbietungsgarantien und deren rechtlicher Handhabung unten auf Seite 96 ff.

29 Hennings, S. 14 und Droste MittRhNotK 1995, 39.

30 Vgl. BGH WM 1989, 1940. Auch hier ist nicht eindeutig erkennbar, welche Art der Ausbietungsgarantie vereinbart war. (Die Bedeutung war für die Lösung des Falles aber ohnehin gering, da der Sicherungsgeber zugleich eine selbstschuldnerische Bürgschaft für die persönliche Forderung übernommen hatte.)

Darlehensvertrages jedoch nur bereit, wenn der Grundstücksmakler für die zu bestellende Grundschuld eine Ausbietungsgarantie übernahm. Dieser schloss daher mit dem Kreditinstitut einen entsprechenden Vertrag.

II. Einseitig verpflichtende und beidseitig verpflichtende Verträge

Eine letzte grundlegende Unterscheidung lässt sich danach gewinnen, ob im Zusammenhang mit dem geschlossenen Vertrag lediglich der Sicherungsgeber oder auch der Sicherungsnehmer Pflichten übernimmt. Die Verpflichtung des Sicherungsgebers ergibt sich dabei bei beiden Arten unmittelbar aus der Ausbietungsgarantie. Sie besteht darin, dass der Sicherungsgeber unter bestimmten Bedingungen die Abgabe eines Gebotes in der Zwangsversteigerung oder die Zahlung einer Geldsumme an den Sicherungsnehmer schuldet. Beispiel für mögliche Verpflichtungen des Sicherungsnehmers bietet ein vom Reichsgericht entschiedener Fall:[31]

Der Sicherungsnehmer hatte dort zugesagt, für den Fall, dass der Sicherungsgeber selbst das Grundstück ersteigerte, die eingetragene Hypothek stehen zu lassen und auf Kautionsbestellung zu verzichten.

Eine derartige Übernahme von Pflichten durch den Sicherungsgeber tritt in der praktischen Anwendung von Ausbietungsgarantien nahezu durchgängig nur bei Abschluss einer strengen Ausbietungsgarantie auf. Während nämlich bei der Ausfallverhütungsgarantie der reine Sicherungszweck im Vordergrund steht, hat bei der strengen Ausbietungsgarantie der Sicherungsgeber zumeist zudem ein echtes Interesse am Erwerb des durch die Hypothek oder Grundschuld belasteten Grundstücks.[32]

E. Weiteres Vorgehen

Es ist unmöglich, für alle unter dem Begriff der Ausbietungsgarantie erfassten Vertragsgestaltungen allgemeingültige Regelungen aufzustellen.[33] So ist etwa bereits der geschuldete Gegenstand bei der Ausfallverhütungsgarantie ein anderer als bei der strengen Ausbietungsgarantie. Bei ersterer wird gegebenenfalls eine Geldsumme geschuldet, bei letzterer hingegen eine Handlung, nämlich die Abgabe eines Gebots in der Zwangsversteigerung. Allein dadurch ergeben sich grundsätzlich unterschiedliche Fragestellungen. Die anzutreffenden Verträge sind daher getrennt voneinander zu untersuchen.

---

31 RGZ 91, 213 für eine strenge Ausbietungsgarantie.

32 Näher dazu unten Seite 105 f.

33 Eine Tatsache, die bereits Pikalo, S. 54 herausgearbeitet hat.

Die Arbeit gliedert sich dazu in drei Teile. Im ersten Teil wird die Ausfallverhütungsgarantie beleuchtet. Der zweite Teil widmet sich den Verträgen, die unter dem Begriff der strengen Ausbietungsgarantie erfasst sind, und der dritte Teil untersucht die mit einer Mischform zwischen den beiden Erscheinungsformen verbundenen besonderen Probleme.

Teil 1 Die Ausfallverhütungsgarantie

A. Formulierung des Vertrages und Gegenstand der Verpflichtung

Ausfallverhütungsgarantien sind in den allermeisten Fällen recht umfangreiche Verträge, in denen die Rechte und Pflichten der Vertragsparteien genau festgehalten werden. Diese Regelungen werden später noch einer genaueren Betrachtung unterzogen. Zunächst muss man sich aber nochmals den Kern einer Ausfallverhütungsgarantie vor Augen führen, also die vertragliche Vereinbarung, die dem gesamten Vertrag seinen Charakter gibt:

> *„A steht dafür ein, dass der B-Bank in einer Zwangsversteigerung des haftenden Grundstücks kein Ausfall an Kapital, Zinsen, sonstigen Nebenleistungen und Kosten entsteht. Eine Pflicht zum Erwerb des belasteten Grundstücks hat A nicht."*

Diese Formulierung bestimmt die Verpflichtung des Sicherungsgebers. Sie besteht, allgemein formuliert, darin, dass er den Sicherungsnehmer vor einem wirtschaftlichen Verlust bewahren soll. Da dabei jedoch gerade keine Verpflichtung zur Abgabe von Geboten in der Zwangsversteigerung übernommen wird, besteht die primäre Leistungspflicht in der Zahlung einer Geldsumme. Deren Höhe bemisst sich grundsätzlich nach der Differenz zwischen dem in der Zwangsversteigerung des haftenden Grundstücks erzielten Erlös und der Höhe des vom Sicherungsgeber gesicherten Anspruches.[34]

B. Wirtschaftlicher Hintergrund und Abgrenzung zur strengen Ausbietungsgarantie

Die Ausfallverhütungsgarantie wird in den allermeisten Fällen zu einem Zeitpunkt übernommen, bei dem von einer Zwangsversteigerung noch gar nicht die Rede ist. Der Sicherungsgeber übernimmt die Gewähr, um den Sicherungsnehmer geneigter zu machen, ein Darlehen an den Grundstückseigentümer oder auch an einen Dritten zu vergeben. Dies ist vor allem sinnvoll, wenn der Grundstückseigentümer nur eine nachrangige Hypothek oder Grundschuld als Sicherheit anbieten kann.

Allerdings ist es durchaus auch denkbar, dass die Ausfallverhütungsgarantie kurzfristig vor einer unmittelbar bevorstehenden oder bereits beantragten Zwangsversteigerung übernommen wird. Ob dies ohne weiteres möglich ist und was dabei gegebenenfalls zu beachten ist, wird gesondert zu untersuchen sein.[35]

---

34 Näher zur Berechnung der tatsächlichen Verpflichtung unten, Seite 67 ff.

35 Siehe unten Seite 59 ff.

Zunächst soll die grundlegende Frage nach der Rechtsnatur der unter dem Begriff Ausfallverhütungsgarantie erfassten Verträge beantwortet werden.

C. Rechtsnatur

I. Grundsätzliches zur Bestimmung der Rechtsnatur eines Vertrages und zu ihrer Bedeutung

Die vertraglichen Pflichten der Parteien eines Schuldvertrages ergeben sich aus dem Vertrag selbst und nicht daraus, dass das Gesetz sie als Rechtsfolge an einen derartigen Vertrag knüpft. Demnach ist maßgeblich für die Einordnung eines Vertrages also die Frage, was die Vertragsparteien vereinbart haben.[36]

Die Bedeutung einer solchen Einordnung ist für die Anwendung von gesetzlichen Normen eine zweifache. Zum einen kann sich ergeben, dass für die Wirksamkeit eines derartigen Vertrages besondere Gültigkeitserfordernisse bestehen, etwa ein Formerfordernis gemäß § 766 BGB bei einer Bürgschaft oder gemäß § 518 BGB bei einer Schenkung. Zum anderen kann sich bei der Einordnung eines Vertrages als ein vom Gesetz geregelter typischer Vertrag die Anwendbarkeit von den die vertragliche Vereinbarung ergänzenden Gesetzesnormen ergeben, z.B. des § 771 BGB oder des § 401 BGB bei einer Bürgschaft.

Aber die Bedeutung des richtigen Verständnisses der vertraglichen Vereinbarung greift noch weiter. Haben die Parteien etwa eine akzessorische Sicherung vereinbart, so folgen aus dieser Vereinbarung bereits Auswirkungen im Verhältnis von Hauptforderung und Forderung aus der Sicherungsvereinbarung. Ergibt sich nämlich aus der Interessenlage der Parteien bei Abschluss des Vertrages, dass eine akzessorische Sicherung ihrem Willen entspricht, so folgt etwa die Wirkung des § 767 Abs. 1 BGB aus dem Vertrag. Diese Wirkung wird also nicht etwa durch das Gesetz konstruiert, sondern nur festgestellt.[37]

Anhand des Willens der Vertragsparteien ist daher auch bei einer Ausfallverhütungsgarantie festzulegen, welche Art Vertrag vereinbart worden ist. Dementsprechend muss also zunächst untersucht werden, ob die von den Vertragsparteien einer Ausfallverhütungsgarantie getroffene Vereinbarung sich einer bestimmten Vertragsart zuweisen lässt. An dem gefundenen Ergebnis haben sich dann die Lösungen aller Einzelfragen zu orientieren.

---

36 Näher dazu Larenz, Methodenlehre, S. 297 f.

37 Näher dazu unten, Seite 33 ff.

Auch wenn natürlich nicht jede denkbare Vertragsgestaltung dabei berücksichtigt werden kann, so hat diese Vorgehensweise doch den Vorteil, dass die gefundenen Ergebnisse für die ganz überwiegende Anzahl der tatsächlich anzutreffenden Verträge Gültigkeit beanspruchen können. Denn die Interessenlage der Parteien ist beim Abschluss einer Ausfallverhütungsgarantie, bei allen Unterschieden in den Einzelheiten, doch stets die gleiche. Es soll dem Sicherungsnehmer durch den Sicherungsgeber eine Sicherheit für den Wert einer Hypothek oder Grundschuld geboten werden, ohne dass eine Verpflichtung zur Abgabe eines Gebotes in der Zwangsversteigerung übernommen werden soll. Und die zu diesem Zweck getroffene Vereinbarung will dieser Interessenlage Rechnung tragen.

II. Ausfallverhütungsgarantien als Schuldbeitritte

Oberflächlich betrachtet weist eine Ausfallverhütungsgarantie Ähnlichkeiten mit einem Schuldbeitritt auf, da neben dem bisher haftenden Eigentümer des Grundstücks nunmehr auch der Sicherungsgeber aus der Ausfallverhütungsgarantie haftet.

Entscheidend ist jedoch, dass die Haftung des Sicherungsgebers nicht neben, sondern subsidiär zu der Haftung des Eigentümers bestehen soll. Nur wenn aus der Hypothek oder Grundschuld die Forderung nicht erfüllt werden kann, soll der Sicherungsgeber wegen der in der Ausfallverhütungsgarantie eingegangenen Verpflichtung zahlen. Eine gesamtschuldnerische Haftung i.S.des § 426 BGB, die den Schuldbeitritt prägt,[38] liegt also gerade nicht vor. Als Schuldbeitritte lassen sich Ausfallverhütungsgarantien folglich nicht qualifizieren.

III. Qualifizierung als Garantievertrag oder Bürgschaft

1. Allgemeine Überlegungen zu der Abgrenzung von Garantievertrag und Bürgschaft

Der mit Hilfe einer Ausfallverhütungsgarantie verfolgte wirtschaftliche Zweck (= die Sicherung des Sicherungsnehmers gegen einen Ausfall durch einen zusätzlichen persönlichen Schuldner), lässt sich mit Hilfe eines gesetzlich geregelten Vertragstyps, nämlich der Bürgschaft nach § 765 BGB, erreichen.

Es ist denn auch unbestritten, dass die Ausfallverhütungsgarantie Ähnlichkeiten zur Bürgschaft aufweist, vielfach wird dies ausdrücklich herausgestellt.[39]

---

38 Hadding/Häuser/Welter, S. 614.

39 Steiner(Storz), § 66 Rn. 26; Hennings, S. 18; Oertmann DJZ 1919, 230; Kuth, S. 13; Pikalo, S. 20; Schröder, S. 25; Zangs, S. 8; Werkmeister, S. 12; Heiderhoff MittRhNotK 1966, 47.

Die Qualifizierung als Bürgschaft ist jedoch nur vereinzelt vertreten worden[40] und wird heute allenfalls noch bei einzelnen Fallkonstellationen für möglich gehalten.[41]

Verbreitet ist demgegenüber die Einordnung als Garantievertrag.[42] Der verfolgte wirtschaftliche Zweck lässt sich auch tatsächlich ebenso gut mit einem Garantievertrag erreichen. In der Form einer Interzessionsgarantie sichert der Garant dem Garantienehmer schließlich zu, dass dieser eine Leistung, die ihm von einem Dritten geschuldet wird, erhält.[43] Dem wirtschaftlichen Zweck der Vereinbarung kann also insoweit sowohl durch eine Bürgschaft als auch durch einen Garantievertrag Genüge getan werden.

Eben wegen ihres identischen wirtschaftlichen Hintergrundes weisen Interzessionsgarantie und Bürgschaft auch erhebliche Gemeinsamkeiten auf. Die Frage, wodurch sie sich unterscheiden, beschäftigt sowohl die Rechtspraxis als auch die Rechtswissenschaft schon sehr lange. Anhand der entwickelten maßgeblichen Abgrenzungskriterien soll hier zunächst untersucht werden, ob die gängige Einordnung der Ausfallverhütungsgarantie als Garantievertrag haltbar ist oder ob die untersuchten Verträge nicht als Bürgschaften zu verstehen sind.

2. Bedeutung der Bezeichnung

Die Einordnung als Garantievertrag drängt sich bereits deswegen auf, weil die Vertragsparteien ihren Vertrag regelmäßig als Garantie bezeichnen. Die Bezeichnung eines Vertrages kann nämlich zumindest ein Indiz für seine Rechtsnatur sein.[44] Dies folgt aus den allgemeinen Auslegungsgrundsätzen der §§ 133,

---

40 Mit näherer Begründung tat dies lediglich Eubel, S. 29 ff. Ausdrücklich zudem: RGRK[8](Lobe), Vor § 765 Nr. 6 b. Wenigstens teilweise für die Anwendung von Bürgschaftsregeln zudem Heck, Schuldrecht, S. 368; allerdings wird dort nicht richtig zwischen Ausfallverhütungsgarantie und strenger Ausbietungsgarantie unterschieden und die Anwendung der Bürgschaftsregeln gerade auch für eine strenge Ausbietungsgarantie bejaht. Dies ist indes nicht möglich, da es insoweit an der Gleichartigkeit der Verpflichtungen fehlt. Dazu unten auf Seite 107.

41 Palandt[58](Sprau), Vor § 765 Rn. 20: „ Die sog. Ausbietungsgarantie [...] ist Gewähr, u.U. Ausfallbürgschaft." Eine nähere Untersuchung dieser Frage wird in der Fundstelle allerdings nicht vorgenommen. In der folgenden Auflage fehlt diese Feststellung dann gänzlich.

42 RG Gruchot 58(1914), 971(973); Stillschweig, Ausbietungsgarantie JW 1914, 335; RGRK(Mormann),Vor § 765 Rn. 7; MünchKomm(Habersack), § 765 Rn. 36; Hadding/Häuser/Walter, S. 694.

43 Larenz/Canaris, Schuldrecht BT 2, S. 73.

44 Kleiner, S. 31.

157 BGB, wonach Ausgangspunkt jeder Auslegung der Wortlaut ist.[45] Die verschiedenen Namen für die Ausfallverhütungsgarantie sind oben[46] bereits aufgeführt worden. Ihnen allen ist gemeinsam, dass sie stets das Wortelement „*-garantie*“ enthalten.

Damit ist aber noch nicht gesagt, dass die Vertragspartner auch rechtlich einen Garantievertrag haben schließen wollen. Der Wortlaut bildet keine Grenze für die Auslegung einer rechtsgeschäftlichen Erklärung.[47] Ja mehr noch, der gewählte Ausdruck kann niemals für die rechtliche Qualifizierung ausschlaggebend sein.[48] Eine Tatsache, die hier in besonders starker Weise Beachtung verdient, wenn man sich die Sachlage bei Abschluss des Vertrages vor Augen führt. Absicht der Vertragsparteien ist es, eine Sicherung für den Wert der Hypothek oder Grundschuld zu erreichen. Das dafür zur Verfügung stehende Sicherungsmittel wird im Rechtsverkehr nun einmal als Ausfall-, Ausfallverhütungs-, Ausbietungsgarantie oder Ähnliches bezeichnet, mag diese Bezeichnung rechtlich zutreffend sein oder nicht. Ein anderer Name für das rechtliche Instrument, das dem Interesse der Vertragsparteien dient, existiert schlicht nicht. Eben weil dies so ist, lässt sich aus der gewählten Bezeichnung bei diesen Verträgen kein Rückschluss auf einen rechtsgeschäftlichen Willen der Vertragsparteien zum Abschluss eines Garantievertrages ziehen.

Die Tatsache, dass für die rechtliche Qualifizierung eines Vertrages stets die rechtlichen Strukturmerkmale und nicht die gewählte Bezeichnung maßgeblich sind,[49] gilt hier also noch verstärkt. Ein Rückschluss von der gewählten Bezeichnung auf die rechtliche Natur des abgeschlossenen Vertrages verbietet sich gänzlich. Die von den Vertragsparteien regelmäßig gewählte Bezeichnung kann also keine Indizwirkung für oder gegen eine bestimmte rechtliche Einordnung entfalten.

3. Bedeutung eines eigenen Interesses des Sicherungsgebers am gesicherten Geschäft

Bereits in der grundlegenden Untersuchung zum Garantievertrag hat Stammler festgestellt, dass der akzessorische Charakter der Bürgschaft diese vom Garantievertrag unterscheide.[50]

Gleichzeitig stellte er jedoch das eigene Interesse des Sicherungsgebers am Zustandekommen jenes Vertrages, dessen Forderung gesichert werden soll, als

45 RGRK(Krüger-Nieland/Zöller), § 133 Rn. 18; Soergel(Hefermehl), § 133 Rn. 24.

46 Seite 21.

47 Soergel(Hefermehl), § 133 Rn. 27.

48 Hadding/Häuser/Welter, S. 701.

49 Vgl. BGHZ 75, 299(301 f.); Esser/Schmidt, Schuldrecht AT, S. 211.

50 Stammler AcP 69(1886), 36 f.; eine Tatsache, die bei der Zitierung heute meist übersehen wird.

prägendes Element eines Garantievertrages heraus.[51] Dies führte dazu, dass darin lange Zeit der entscheidende Ansatzpunkt zur Abgrenzung eines Garantievertrages gegenüber einer Bürgschaft gesehen wurde.[52] Demnach kommt es also darauf an, ob der Sicherungsgeber den Abschluss des konkreten Vertrages zwischen Sicherungsnehmer und Hauptschuldner fördern will. Lässt sich dies bejahen, so liegt ein Garantievertrag vor. Ist ein Interesse des Sicherungsgebers am konkreten Geschäft hingegen zu verneinen, so ist das Sicherungsgeschäft als Bürgschaft zu qualifizieren. Nach diesen Überlegungen müssten also die Interessen des Sicherungsgebers bei jeder einzelnen Ausfallverhütungsgarantie untersucht werden, um zu einer rechtlichen Einordnung der einzelnen Verträge zu gelangen.

Abgesehen von allen praktischen Schwierigkeiten bei der Anwendung des Merkmals des eigenen Interesses[53] leidet diese Überlegung darunter, dass es nie gelungen ist nachzuweisen, dass der Bürge ein derartiges Interesse nicht hat.

Sicherlich gibt es Fälle, in denen der Bürge sich lediglich aus einer besonderen Beziehung zum Gläubiger und ohne eigenes Interesse an dem gesicherten Geschäft verbürgt. Dass dies für die Bürgschaft aber zwingend ist, lässt sich nicht sagen.[54]

Umgekehrt kann genauso wenig behauptet werden, dass die Garantie dadurch geprägt ist, dass der Sicherungsgeber stets dieses beschriebene eigene Interesse hat. Etwa bei der Gewährsübernahme einer Bank gegen Provision wird diese regelmäßig überhaupt kein Interesse an dem gesicherten Geschäft haben.[55] Demnach wäre dann stets eine Garantie abzulehnen. Es kann aber nicht sachgerecht sein, dass sämtliche Sicherungsgeschäfte, bei denen ein Kreditinstitut als Sicherungsgeber auftritt, als Bürgschaften einzustufen sind. Damit würden nämlich die unterschiedlichen Ausgestaltungen dieser Verträge bedeutungslos. Es ist eben nicht richtig, wenn behauptet wird, dass die Bürgschaft stets schuldnerbezogen, die Garantie hingegen stets gläubigerbezogen sei.[56]

Gerade in der Literatur zur Bankgarantie findet sich denn mittlerweile auch durchgängig die Feststellung, dass ein eigenes Interesse des Sicherungsgebers kein taugliches Abgrenzungskriterium zwischen Bürgschaft und Garantie sein.[57]

---

51 Stammler AcP 69(1886), 3.

52 Siehe etwa: RG JW 1932, 1552, mit zustimmender Anmerkung von Hallmann; BGH WM 1956, 1295; Soergel[10](Schmidt) Vorbem. von § 765, Nr. 42.

53 So wird sich ein zumindest mittelbares Interesse auch bei der Mehrzahl der Bürgschaften begründen lassen.

54 So auch bereits ganz eindeutig OLG Hamburg, JW 1934, 1924 f.

55 Pleyer, WM Beilage Nr. 2/1973, 8.

56 So aber Boetius, S. 40.

57 Pleyer, WM Beilage Nr. 2/1973; Canaris, BankvertragsR, Rn. 1124; Kleiner, S. 55.; v. Westphalen, S. 53

Ein eigenes Interesse des Sicherungsgebers mag in Zweifelsfällen durchaus ein Indiz für die Übernahme einer Garantie sei, da derjenige, der ein solches eigenes Interesse an dem Vertrag zwischen Gläubiger und Hauptschuldner hat, eher geneigt sein wird, die weitergehende Sicherung in Form der Garantie abzugeben.[58] Ein für sich genommen taugliches Abgrenzungskriterium ist es nicht. Folglich kann dieses Kriterium auch bei der rechtlichen Einordnung einer Ausfallverhütungsgarantie keine eigenständige Bedeutung erlangen.

4. Einordnung anhand des Strukturmerkmals der Akzessorietät

a) Maßgeblichkeit der Akzessorietät für die Abgrenzung von Garantievertrag und Bürgschaft

Nicht Stammlers Betonung eines eigenen Interesses des Sicherungsgebers, sondern vielmehr seine Überlegung bezüglich der Akzessorietät zwischen gesicherter Forderung und Forderung aus einer Bürgschaft sind der entscheidende Gesichtspunkt für die Abgrenzung von Garantievertrag und Bürgschaft. Denn die Bürgschaft ist gerade durch die Akzessorietät geprägt.[59] Ist der wirtschaftliche Zweck einer Bürgschaft aber der gleiche wie der einer Garantie, so ist es richtig, auch gerade in dem die Bürgschaft prägenden Strukturmerkmal der Akzessorietät den Unterschied zwischen beiden zu suchen.[60] Bei der Bürgschaft wollen die Parteien die enge Verbindung von Hauptforderung und Anspruch aus der Sicherung, die durch die Akzessorietät entsteht. Bei der Garantie soll der Anspruch aus dem Garantievertrag hingegen selbständig gegenüber dem Anspruch aus der gesicherten Forderung sein.

Damit die Ausfallverhütungsgarantie als Garantievertrag eingeordnet werden kann, wäre es demnach zunächst notwendig, die nicht-akzessorische Natur der durch sie begründeten Verbindlichkeit darzutun.

Interessanterweise wird in der Literatur zur Ausfallverhütungsgarantie jedoch teilweise genau das Gegenteil festgestellt[61] und ein Garantievertrag trotzdem bejaht.[62] Zumeist wird dieser Aspekt aber entweder gar nicht beleuchtet oder

58 BGH WM 1982, 632.

59 BGHZ 95, 350(356f.) m.w.N.

60 So denn auch die wohl mittlerweile einhellige Ansicht. Siehe bereits RGZ 72, 138(140). Aus der Rechtsprechung des BGH: BGH WM 1955, 265(266); 1967, 341(342); 1982, 632. Außerdem: Larenz/Canaris, Schuldrecht BT 2, S. 75; Palandt(Sprau), Einf. v. § 765 Rn. 16; Staudinger(Horn), Vorbem. zu §§ 765-778 Rn. 217; Hadding/Häuser/Welter, S. 702 m.w.N.

61 Stillschweig, Ausbietungsgarantie JW 1914, 335; ihm folgend Kalter KTS 1964, 194 f.

62 Stillschweig, Ausbietungsgarantie JW 1914, 335.

aber die Akzessorietät verneint[63] bzw. die Selbständigkeit der Verpflichtung aus der Ausfallverhütungsgarantie betont.[64]

Sofern diese Verneinung der Akzessorietät haltbar wäre, ließe sich daraus zwar noch nicht einfach folgern, dass der Vertrag ein typischer Garantievertrag ist. Die Qualifizierung eines derartigen Vertrages als Garantievertrag wäre aber zumindest naheliegend. Denn eindeutig festgestellt wäre, dass keine Bürgschaft vorliegt.

b) Grundsätzliche Möglichkeit der akzessorischen Sicherung einer Hypothek oder Grundschuld

Um eine akzessorische Sicherung bejahen zu können, muss es allerdings überhaupt eine zu sichernde Forderung geben. Denn Akzessorietät bedeutet allgemein gesagt, dass die Forderung aus dem Sicherungsvertrag abhängig ist von der Forderung aus der Hauptverbindlichkeit.[65] Es ist aber gerade fraglich, ob die akzessorische Sicherung eines der gemeinhin unter dem Oberbegriff der Grundpfandrechte erfassten Rechte, im Besonderen die akzessorische Sicherung einer Hypothek oder Sicherungsgrundschuld, überhaupt möglich ist. Schlichte Voraussetzung dafür ist, dass es eine Forderung aus einer Hypothek oder Grundschuld gibt, die Gegenstand einer akzessorischen Sicherung sein kann. Denn nur, wenn es eine solche Forderung gibt, ist eine akzessorische Sicherung vorstellbar.

Bis heute wird überwiegend behauptet, dass Hypothek und Grundschuld lediglich ein Verwertungsrecht gäben.[66] Dies bedeutet, dass sich die Verpflichtung des Eigentümers auf die Duldung der Zwangsversteigerung beschränkt.[67] Demnach bestünde dann keine Forderung aus einem solchen Recht an einem Grundstück. Es entfiele denknotwendig auch die Möglichkeit einer akzessorischen Beziehung. Schließlich kann das Verwertungsrecht nicht akzessorisch gesichert werden. Die Duldung der Zwangsversteigerung kann nur vom Eigentümer des Grundstücks erbracht werden. Diese Leistung kann er aber auch stets erbringen. Hypothek und Grundschuld könnten danach nicht Gegenstand einer Bürgschaft sein.

---

63 Kuth, S. 15; Werkmeister, S. 8.

64 Droste MittRhNotK 1995, 41; Hennings, S. 19, Schröder, S. 38.

65 Zu den verschiedenen Arten der Abhängigkeit sogleich.

66 RGZ 93, 234(236); Palandt(Bassenge), Überbl. v. § 1113 Rn. 1; Erman(Räfle), Vor § 1113 Rn. 4; Soergel(Konzern) § 1113 Rn. 1; Schwab/Prütting, Rn. 627; Baur/Stürner, S. 399; Müller, Rn. 1502; Wieling, S. 414; Schapp, Sachenrecht, Rn. 383 ff.; Manfred Wolf, Rn. 618; Wolff/Raiser, § 131 S. 526 ff. mit vielen Nachweisen zur älteren Literatur in Fußnote 4.

67 Palandt(Bassenge), Überbl. v. § 1113 Rn. 1.

So lässt es sich erklären, dass die ganz überwiegende Meinung in Rechtsprechung und Literatur eine Bürgschaft auf obligatorische Verbindlichkeiten beschränkt.[68] Eine Ansicht, die in der Literatur zur Ausfallverhütungsgarantie zumeist ohne nähere Erörterung übernommen wird.[69] Diese Position steht und fällt aber mit dem Verständnis von Hypothek und Grundschuld als (bloßen) Verwertungsrechten.

Nun ist dieses Verständnis der Schuld des Eigentümers eines durch ein derartiges Recht belasteten Grundstücks schon seit langem bestritten.[70] Die Gegenansicht sieht als Inhalt einer Hypothek bzw. einer Grundschuld einen Zahlungsanspruch, der allerdings nur in das haftende Grundstück hinein vollstreckt werden kann.[71] Dieser Zahlungsanspruch ist dabei freilich ein anderer als der schuldrechtliche Zahlungsanspruch, der durch eine Hypothek oder Sicherungsgrundschuld gesichert werden soll. Es ist ein eigenständiger Anspruch aus der Hypothek oder Grundschuld, man kann ihn zur Abgrenzung von dem schuldrechtlichen Zahlungsanspruch als einen dinglichen Zahlungsanspruch[72] bezeichnen.

Entgegen der herkömmlichen Vorstellung sichert demnach die Hypothek also nicht unmittelbar den hinter ihr stehenden schuldrechtlichen Anspruch. Dieser wird vielmehr durch den beschriebenen dinglichen Zahlungsanspruch gesichert. Dieser dingliche Zahlungsanspruch seinerseits muss aber nur aus dem haftenden Grundstück erfüllt werden.[73] Insoweit gleich ist die Struktur bei der Grundschuld. Auch hier besteht ein dinglicher Zahlungsanspruch, der (nur) aus dem haftenden Grundstück zu befriedigen ist.

Folgt man diesem Verständnis von der Schuld des Eigentümers eines durch eine Grundschuld oder Hypothek belasteten Grundstücks, so gibt es eine Forderung aus dem Recht an dem Grundstück,[74] nämlich den dinglichen Zahlungsanspruch. Dieser dingliche Zahlungsanspruch kann folglich auch Gegenstand

---

68 So z.B.: RGZ 93, 234(236); RGRK(Mormann), § 765 Rn. 2; Staudinger(Horn), Vorbem. zu § 765 Rn. 14; Erman(Seiler),765 Rn. 3; MünchKomm(Habersack), § 765 Rn. 65.

69 Droste MittRhNotK 1995, 41; Hennings, S. 18. Aus der älteren Literatur: Kuth, S. 13; Stillschweig, Ausbietungsgarantie JW 1914, 334.

70 Der Streit um das richtige Verständnis der Art der Schuld des Eigentümers eines durch eine Grundschuld oder Hypothek belasteten Grundstücks geht bis auf die Zeit vor der Schaffung des BGB zurück. Vgl: Motive III. S. 675.

71 Staudinger(Wolfsteiner), Einl. zu §§ 1113 ff. Rn. 25; MünchKomm(Eickmann), § 1147 Rn. 4; Ernst Wolf, S. 432 ff. zur Hypothek und S. 444 zur Grundschuld.

72 Dieser Begriff wurde bereits von Otto Gierke, S. 852 verwandt.

73 Eine eingehende Darstellung dieser Struktur findet sich bei Julius von Gierke, S. 167.

74 Konsequenterweise sollte man dann auch gar nicht mehr von einem Grundpfandrecht sprechen, da hier ein erheblicher Unterschied zu dem in § 1204 BGB geregelten Pfandrecht besteht. Das Gesetz kennt den Ausdruck ja ohnehin nicht.

einer akzessorischen Sicherung sein. Eine Bürgschaft zugunsten dieses Anspruches wäre also möglich.[75]

Die Annahme einer Zahlungspflicht ist angesichts der wirtschaftlichen Interessenlage bei der Bestellung eines derartigen Rechtes an einem Grundstück naheliegend. Durch die Hypothek oder Sicherungsgrundschuld soll ein (schuldrechtlicher) Zahlungsanspruch gesichert werden. Wirtschaftlich sinnvoll ist es, dies durch die Begründung eines zusätzlichen, gleichartigen Anspruches zu erreichen, denn das Interesse des Sicherungsnehmers geht dahin, sein Geld auf jeden Fall zu erhalten.

Demgegenüber lässt sich auch nicht auf das Mobiliarpfandrecht verweisen,[76] bei dem ein Zahlungsanspruch unbestritten nicht besteht. Dort nimmt der Gläubiger die verpfändete Sache nämlich unmittelbar in Besitz, sodass eine besondere Situation entsteht. Eine Zahlung aus dem Gegenstand ist für den Schuldner gar nicht mehr möglich. Gerade um Mobiliarpfandrecht und „Grundpfandrechte" einander anzugleichen, gelangten die Vertreter der Annahme eines bloßen Duldungsanspruches aber wohl zu ihrem Verständnis von der Verpflichtung des Eigentümers des haftenden Grundstücks als reiner Duldungspflicht.[77] Das BGB selbst verwendet den Oberbegriff Grund*pfandrecht* jedoch für Hypothek, Grund- und Rentenschuld nicht. Möglicherweise liegt darin ein tieferer Sinn als zumeist geglaubt. Die vielfach gezogene Parallele zum Mobiliarpfandrecht[78] mag schlicht unzutreffend sein.[79]
Zwar wollte sich der Gesetzgeber nicht für eine der beiden Vorstellungen über das Wesen der dinglichen Verwertungsrechte entscheiden.[80] Zweifelhaft ist aber, ob dies durch den gefundenen Wortlaut der §§ 1113 und 1191 BGB nicht doch geschehen ist. Beide sprechen schließlich von einer Belastung in der Weise, dass der Schuldner eine bestimmte Geldsumme aus dem Grundstück zu zahlen habe. In diesen Normen wird also unmittelbar ein Zahlungsanspruch an-

---

75 So auch ausdrücklich Staudinger(Wolfsteiner), § 1113 Rn. 6.

76 So aber von Lübtow, FS Lehmann, S. 340.

77 Besonders deutlich wird das Bestreben eine identische Struktur für das Recht aus § 1204 BGB und die Rechte aus § 1113 und § 1191 BGB zu finden, bei von Lübtow, FS Lehmann, S. 340, wenn dort gefordert wird, dass alle Pfandrechte gleich behandelt werden müssten.

78 Siehe etwa Baur/Stürner, S. 671.

79 Auf den Unterschied zwischen Hypothek und Grundschuld auf der einen und dem Pfandrecht i.S.des § 1204 BGB auf der anderen Seite hat im Rahmen der Untersuchungen über Ausbietungsgarantien bereits Eubel, S. 34 f. hingewiesen. Sofern er dabei allerdings auf die weitergehende Akzessorietät des Pfandrechtes gemäß § 1204 BGB hinweist, gehen seine Überlegungen fehl. Es ist ja nicht gesagt, dass das Gesetz sämtliche Pfandrechte vollständig gleich ausgestalten will.

80 Motive III, S. 676.

gesprochen. Eine Tatsache, die auch Vertreter der Gegenansicht durchaus einräumen.[81]

Dieses Wortlautargument scheint jedoch durch die Regelung des § 1142 BGB an Bedeutung zu verlieren. § 1142 BGB gibt dem Eigentümer ein Recht zur Zahlung an den Hypothekar oder Grundschuldgläubiger, um die Zwangsvollstreckung in sein Grundstück abzuwenden. Wenn das BGB ohnehin von einem Zahlungsanspruch ausgeht, erscheint diese Norm auf den ersten Blick überflüssig,[82] schließlich wäre der Schuldner sogar zur Zahlung verpflichtet. Zu einer anderen Bewertung kommt man jedoch dann, wenn man sich noch einmal die Gesetzgebungsgeschichte vor Augen führt. Wollte die beratende Kommission zwischen den beiden Ansichten über das Wesen der Hypothek, Grund- und Rentenschuld keine Entscheidung treffen, dann war eine Regelung in der Form des § 1142 BGB für den Fall notwendig, dass die Rechtsanwendung zur Ablehnung eines Zahlungsanspruches gelangte. Der gefundene Wortlaut der §§ 1113, 1191 BGB spricht aber deutlich für einen solchen Zahlungsanspruch. Dass der historische Gesetzgeber dies übersehen haben mag, macht es nicht unbeachtlich. Jedoch wird dadurch das Wortlautargument im Zusammenhang mit § 1142 BGB abgeschwächt. Es wäre in der Tat zu weitgehend, dem Wortlaut der §§ 1113, 1191 BGB hier eine die weitere Auslegung begrenzende Bedeutung zu entnehmen.

Festzuhalten ist jedoch, dass der Wortlaut zumindest für einen Zahlungsanspruch als Gegenstand der Schuld des Eigentümers eines durch eine Hypothek oder Grundschuld belasteten Grundstücks spricht.

Auch die Regelung des § 1147 BGB spricht nicht gegen eine Zahlungspflicht.[83] Denn diese Norm enthält nichts von einer Pflicht zur Duldung der Zwangsversteigerung. Sie verweist lediglich den Gläubiger anstelle des Selbstbefriedigungsrechtes auf die Zwangsvollstreckung.[84] Geregelt wird dort also nur der Weg zur Durchsetzung des Anspruches. Der Inhalt des Anspruches wird hingegen gerade nicht festgelegt.

Zudem ergibt die weitverbreitete Ansicht, dass der Eigentümer auch persönlich nach den allgemeinen Vorschriften der §§ 284 ff. BGB für Vollzugsfolgen einzustehen hat,[85] wiederum nur dann Sinn, wenn ein Zahlungsanspruch besteht.

81 Vgl. z.B.: Baur/Stürner, 400; Westermann5, S. 468. Bei Wolff/Raiser, S. 529 f. und v. Lübtow, FS Lehmann, S. 328 (Fn. 2) wird dann sogar der Versuch gemacht nachzuweisen, dass der Wortlaut hier unbeachtlich sei. Anders verstanden wird der Wortlaut lediglich von Schapp, FS Söllner, S. 481.

82 So wird etwa bei Schwab/Prütting, Rn. 627 argumentiert.

83 So aber Wolff/Raiser, S. 528.

84 MünchKomm(Eickmann), § 1147 Rn. 4.

85 OLG Köln JW 1933, 634(635) mit zustimmender Anmerkung von Blohmeyer JW 1933, 1268 f.; Erman(Räfle), § 1146 Rn. 2; Palandt(Bassenge), § 1146, Rn. 2.

Hätte der Eigentümer lediglich die Zwangsvollstreckung zu dulden, so fehlte es stets an der Vorausaussetzung der schuldhaften Nichterfüllung nach §§ 284, 285 BGB.[86] Schließlich kann der Eigentümer die Duldung der Zwangsvollstreckung gar nicht unerfüllt lassen. Eine Mitwirkung seinerseits ist nicht notwendig. Dagegen lässt sich auch nicht vorbringen, dass § 1146 BGB eine Ausnahmeregelung normiere, die die Verzugsfolgen ohne Verzug anordne.[87] § 1146 BGB behandelt gerade nicht die persönliche Haftung des Eigentümers, sondern betrifft nur eine Haftung aus dem Grundstück, eine Verweisung auf die §§ 284, 285 BGB ist in der Norm nicht enthalten. Die allgemeinen Normen sind demnach auf eine Grundschuld oder Hypothek nur anwendbar, wenn ihre Voraussetzungen vorliegen.

Ungeklärt bliebe bei der Annahme eines bloßen Duldungsanspruches des Grundschuldgläubigers auch die Bedeutung des § 1194 BGB im Rahmen der Regelung über die Grundschuld. Sofern kein Anspruch auf Zahlung von Geld bestünde, ist die Bestimmung eines Zahlungsortes sinnlos.[88] Es wirkt sehr konstruiert, wenn dem entgegengehalten wird, dass auch eine nicht geschuldete, aber erwartete Leistung eines Erfüllungsortes bedürfe.[89]

Zumindest bezüglich der Grundschuld hat Wolfsteiner[90] denn in jüngerer Zeit nachgewiesen, dass sich die Annahme eines Zahlungsanspruches denknotwendig aus der Natur dieser Schuld als nicht-akzessorische Verbindlichkeit ergibt.[91] Da die Grundschuldverbindlichkeit wegen ihres nicht-akzessorischen Charakters nicht an eine bestehende sonstige Forderung gebunden ist, lässt sich eine Haftung des Grundstücks nur begründen, wenn man von einer Zahlungsverpflichtung ausgeht.[92] Haftung bedeutet schließlich ganz allgemein das Unterworfensein des Schuldnervermögens unter den Vollstreckungszugriff des Gläubigers[93] und setzt damit eine Schuld voraus. Daraus folgt, dass auch die Haftung durch Duldung der Zwangsvollstreckung eine Schuld voraussetzt. Lehnt man nämlich eine Schuld ab, besteht überhaupt kein Anspruch, dessen Zwangsvollstreckung der Eigentümer zu dulden hätte. Die Duldung der Zwangsvollstreckung wäre dann reiner Selbstzweck, denn wofür, wenn nicht

86 Staudinger(Wolfsteiner), § 1146 Rn. 7; MünchKomm(Eickmann), § 1146 Rn. 12.
87 Erman(Räffle), § 1146, Rn. 2.
88 Staudinger(Wolfsteiner), Einl. zu §§ 1113 ff. Rn. 27.
89 Wolff/Raiser, S. 530 unten.
90 Staudinger(Wolfsteiner), Einl. zu §§ 1113 ff. Rn. 27.
91 Ähnliche Überlegungen sind bereits von Otto Gierke, S. 852 f. vorgebracht worden.
92 Staudinger(Wolfsteiner), Einl. zu §§ 1113 ff. Rn. 27. Siehe auch Ernst Wolf, S. 444 und Otto Gierke, S. 852 f.
93 Palandt(Heinrichs), Einl. vor § 241 Rn. 13.

für eine Schuld, soll eine Haftung bestehen können. Ohne Schuld fehlte der Haftung der Bezugspunkt.[94]

Nun lässt sich diese Argumentation auf die Hypothek nicht unmittelbar übertragen. Auch wenn man hier einen dinglichen Zahlungsanspruch verneinte, so haftete das Grundstück doch für einen Zahlungsanspruch, nämlich jenen schuldrechtlichen Anspruch aus der hinter der Hypothek stehenden Forderung. Eine Haftung ohne Schuld bestünde folglich hier nicht. Ist jedoch bei der Grundschuld ein (dinglicher) Zahlungsanspruch zu bejahen, so liegt es nahe, einen solchen auch bei der Hypothek anzunehmen. Die beiden Rechte gleichen sich in ihrer rechtlichen Struktur nämlich weitgehend. Dies zeigt sich zunächst in den Formulierungen der §§ 1113 und 1191 BGB, die bis auf die wegen der fehlenden Akzessorietät der Grundschuld notwendigen Unterscheidungen, identisch sind.

Zudem zeigt sich dies in § 1198 BGB, der besagt, dass eine Grundschuld ohne Zustimmung sonstiger Berechtigter aus dem Grundstück in eine Hypothek und umgekehrt eine Hypothek in eine Grundschuld umgewandelt werden kann.[95] Eben wegen dieser Gleichheit der rechtlichen Struktur muss die Argumentation bzgl. der Grundschuld auch auf die Hypothek durchschlagen. Auch durch sie wird also ein dinglicher Zahlungsanspruch gesichert.

Damit sprechen sowohl der Wortlaut des § 1113 BGB und der des § 1191 BGB als auch der wirtschaftliche Zweck und das systematische Verständnis über eine Haftung und ihren Gegenstand dafür, dass durch eine Hypothek oder Grundschuld ein Zahlungsanspruch gesichert wird, der

---

94 Anders sieht dies jedoch von Lübtow, FS Lehmann, S. 341 der eine Haftung ohne Schuld bei der Grundschuld und Hypothek gerade bejaht, da sich die schuldrechtlichen Strukturen von Haftung und Schuld nicht auf das Sachenrecht übertragen ließen. Die Vorstellung der Haftung für die Schuld ist aber gar keine schuldrechtliche Besonderheit. Vielmehr ist dies ein strukturiertes Denkmodell, durch das der Begriff der Haftung überhaupt erst mit Leben gefüllt werden kann.

95 Auf die Gleichartigkeit der Struktur von Hypothek und Grundschuld hat auch v. Lübtow, FS Lehmann, S. 338 hingewiesen. Er verneint aber dennoch einen Zahlungsanspruch, da er davon ausgeht, dass bei einer Hypothek oder Grundschuld die Haftung gerade keine Schuld voraussetze (S. 341 Fn. 48). Allerdings gelingt dafür keine überzeugende Begründung. Sofern von Lübtow nämlich geltend macht, dass die Sachhaftung sich (im Gegensatz zur schuldrechtlichen Haftung) mit einem Anrecht begründe (S. 341 Fn. 48), räumt er ja selber ein, dass eine Haftung ohne Gegenstand nicht vorstellbar ist. Bei dieser Erkenntnis ist es dann aber ein bloßes Festhalten an einem hergebrachten Verständnis über die sogenannten Grundpfandrechte, wenn man dieses dadurch zu erhalten versucht, dass man zwischen einer Haftung für den Anspruch (dem Anrecht) und der Haftung für die Schuld unterscheidet. Die Schuld ist nichts anderes als das Spiegelbild des Anspruches.

allerdings auf das haftende Grundstück beschränkt ist. Auch lassen sich aus den sonstigen Regelungen des Hypotheken- und Grundschuldrechtes keine Argumente gegen die Annahme eines derartigen Zahlungsanspruches gewinnen.

Eben dieser Zahlungsanspruch aus der Hypothek bzw. Grundschuld kann dann aber auch Gegenstand einer akzessorischen Sicherung sein. Eine Bürgschaft zugunsten einer Hypothek oder Grundschuld ist grundsätzlich möglich. Sieht man eine Ausfallverhütungsgarantie als eine Bürgschaft an, so wird durch sie der (dingliche) Zahlungsanspruch aus der Hypothek oder Grundschuld gesichert.

c) Untersuchung des maßgeblichen Willens der Vertragsparteien – Absicht einer akzessorischen oder nicht-akzessorischen Sicherung

aa) Maßgeblichkeit des Parteiwillens

Fraglich ist natürlich, ob eine derartige akzessorische Sicherung von den Vertragsparteien bei Abschluss einer Ausfallverhütungsgarantie, zumindest grundsätzlich, auch gewollt ist. Denn es wurde oben bereits festgestellt, dass maßgeblich für die rechtliche Einordnung eines Vertrages die Frage ist, was die Parteien vereinbart haben. Die gängige Einordnung einer Ausfallverhütungsgarantie als Garantievertrag setzt folglich voraus, dass die Vertragsparteien eine nicht-akzessorische Sicherung der Forderung aus der Hypothek oder Grundschuld vereinbaren wollen. Die Einordnung als Bürgschaft verlangt demgegenüber die Vereinbarung einer akzessorischen Sicherung.

bb) Folgen der Annahme einer nicht-akzessorischen Sicherung in der Zwangsversteigerung

Die Annahme einer akzessorischen Sicherung wurde bereits von Stillschweig sowohl bezüglich der strengen Ausbietungsgarantie als auch bezüglich der Ausfallverhütungsgarantie bejaht.[96] Er stützt dies vor allem auf eine Überlegung zu den vollstreckungsrechtlichen Folgen, sofern das Gegenteil angenommen würde. Liege nämlich im Falle der Zwangsversteigerung die durch die Ausfallverhütungsgarantie gesicherte Hypothek (oder Grundschuld) im geringsten Gebot und stelle sich erst in der Versteigerung ihre Nichtigkeit heraus, so müsste – nach Stillschweig – der Sicherungsgeber bei einer nicht-akzessorischen Sicherung nunmehr doppelt haften.

---

96 Stillschweig, Ausbietungsgarantie JW 1914, 334. Er bejaht dort sowohl eine Akzessorietät bezüglich der Hypothek oder Grundschuld als auch - bei der Sicherung einer Hypothek - eine solche bezüglich der durch die Hypothek gesicherten Forderung. Letzteres hat an dieser Stelle noch keine Bedeutung. Siehe zu dieser Frage unten, Seite 56 f.

Einmal hafte er aus der Ausfallverhütungsgarantie für die Rechtsbeständigkeit der Hypothek (oder Grundschuld) und zudem hätte er nach § 50 Abs. 1 S. 1 ZVG jetzt eine Erhöhung des Bargebotes zugunsten der bei Gültigkeit der Hypothek ausfallenden Beteiligten zu leisten. Diese doppelte Verpflichtung, so führt Stillschweig fort, könne nicht Inhalt des Vertrages sein. Eubel ist diesen Überlegungen ausdrücklich auf die Ausfallverhütungsgarantie beschränkt gefolgt.[97]

Eine solche doppelte Verpflichtung ergibt sich aus der getroffenen Vereinbarung indes gar nicht. Der Sicherungsgeber ist – anders als bei der strengen Ausbietungsgarantie –[98] durch den Vertrag nicht verpflichtet, das Grundstück zu ersteigern.
Seine Verpflichtung beschränkt sich, wie dargestellt, auf eine Ersatzleistung für den Fall, dass dem Sicherungsnehmer ein Ausfall entsteht. Sofern er daher, wie vorgesehen, nicht an der Zwangsversteigerung teilnimmt, kann ihn die Verpflichtung aus § 50 Abs. 1 S. 1 ZVG gar nicht treffen.[99] Ersteigert er jedoch das Grundstück, so bewegt er sich außerhalb der vertraglichen Verpflichtung. Auch wenn die vertragliche Verpflichtung daher nicht-akzessorisch wäre, ließe sich nicht sagen, dass diese Verpflichtung als solche zu der Gefahr einer doppelten Haftung führt. Denn die vertragliche Verpflichtung verlangt nicht die Abgabe eines Gebotes in der Zwangsversteigerung.

Allerdings ist es oftmals wirtschaftlich sinnvoll, dass der Sicherungsgeber das Grundstück selbst ersteigert, da er sich dadurch dessen wirtschaftlichen Wert in sein Vermögen einverleibt. Folgendes Beispiel soll dies illustrieren:

Zugunsten der G ist auf dem Grundstück des E eine Sicherungsgrundschuld in Höhe von DM 120.000 eingetragen. Für diese Grundschuld hat der A eine Ausfallverhütungsgarantie in voller Höhe übernommen. Der Verkehrswert des Grundstücks ist auf DM 100.000 festgesetzt. In der Zwangsversteigerung werden von X DM 70.000 geboten.

Gibt A nun kein eigenes Gebot ab, so verliert er 50.000 DM durch die Verpflichtung aus der Ausfallverhütungsgarantie. Gibt er aber ein die Grundschuld deckendes Gebot ab, so beträgt sein wirtschaftlicher Verlust lediglich 20.000 DM, da er das Grundstück in sein Vermögen aufnimmt. Angesichts der Erfah-

---

97 Eubel, S. 24 f. Übernommen werden die Überlegungen Stillschweigs auch von Nebe, S. 29 und von Kalter KTS 1964, 195.

98 Siehe dazu bereits oben Seite 21 f. Näher zu der Verpflichtung des Sicherungsgebers bei einer strengen Ausbietungsgarantie unten Seite 105.

99 Dies erkennt auch Stillschweig, Ausbietungsgarantie JW 1914, 335, wenn er vom „erstehenden Garanten" spricht.

rung, dass die Gebote in der Zwangsversteigerung häufig unter dem Verkehrswert bleiben, ist die Teilnahme des Sicherungsgebers an der Zwangsversteigerung oftmals ökonomisch sinnvoll, um den tatsächlichen Verlust aus der eingegangenen Verpflichtung möglichst gering zu halten.

In der Tat könnte aus diesem wirtschaftlichen Zusammenhang im Sinne von Stillschweig geschlussfolgert werden, dass eine mögliche Teilnahme des Sicherungsgebers an der Zwangsversteigerung von den Vertragsparteien zumindest nach Treu und Glauben zu beachten ist. Und bei Beachtung dieser Tatsache wäre demnach eine akzessorische Sicherung der Hypothek oder Grundschuld sachgerecht, wenn die Teilnahme an der Zwangsversteigerung anderenfalls zu der Gefahr einer doppelten Haftung des Sicherungsgebers führen könnte.
Voraussetzung für die Stichhaltigkeit dieser Überlegungen ist jedoch, dass es zu der beschriebenen Gefahr einer doppelten Haftung des Sicherungsgebers auch tatsächlich kommen kann. Dies setzt voraus, dass die geschilderte wirtschaftliche Interessenlage, die den Sicherungsgeber zur Abgabe eines Gebotes in der Zwangsversteigerung veranlasst, mit einer Haftung nach § 50 Abs. 1 S. 1 ZVG zusammentreffen kann.

Zur Beantwortung der Frage, ob ein derartiges Zusammentreffen möglich ist, muss man sich zunächst den Regelungsbereich des § 50 Abs. 1 S. 1 ZVG vor Augen führen. Durch diese Norm soll verhindert werden, dass der durch den Wegfall einer im geringsten Gebot zu berücksichtigenden Hypothek oder Grundschuld entstandene Vorteil dem Ersteigerer zugute kommt.[100] Dies geschieht dadurch, dass für den Fall, dass sich die Nichtigkeit eines solchen Rechtes im Versteigerungsverfahren herausstellt, der Ersteigerer ein um die entsprechende Summe erhöhtes Bargebot zu zahlen hat. Auf diese Weise profitiert nicht der Ersteigerer von dem Wegfall des Rechtes, sondern der Wegfall kommt dem Eigentümer oder den sonstigen Berechtigten zugute. Damit eine Haftung für das durch die Ausfallverhütungsgarantie gesicherte Recht durch die Regelung des § 50 Abs. 1 S. 1 ZVG überhaupt in Betracht kommt, ist es also notwendig, dass dieses Recht im geringsten Gebot zu berücksichtigen war. Im geringsten Gebot sind nach § 44 ZVG aber nur solche Rechte zu berücksichtigen, die dem Recht des betreibenden Gläubigers vorangehen. Maßgeblich für die Bestimmung der vorangehenden Rechte ist bei mehreren betreibenden Gläubigern das Recht mit dem besten Rang.[101] Das heißt, dass nur Rechte von nichtbetreibenden Gläubigern im geringsten Gebot zu berücksichtigen sind.
Voraussetzung für eine Berücksichtigung der durch die Ausfallverhütungsgarantie gesicherten Hypothek oder Grundschuld ist es demnach, dass der

100 Zeller/Stöber, § 50 Rn. 2.1.
101 Brox/Walker, ZwangsvollstreckungsR, Rn. 893.

Gläubiger der durch die Ausfallverhütungsgarantie gesicherten Hypothek oder Grundschuld die Zwangsversteigerung weder betreibt noch ihr beigetreten ist.

Es fragt sich jedoch, ob die oben geschilderte wirtschaftliche Interessenlage dann überhaupt bestehen kann. Anders ausgedrückt kommt es darauf an, ob es in einem solchen Fall für den Sicherungsgeber wirtschaftlich geboten sein kann, ein eigenes Gebot in der Zwangsversteigerung abzugeben. Eine derartige durch die Verpflichtung aus der Ausfallverhütungsgarantie bedingte Interessenlage setzt aber zumindest voraus, dass überhaupt eine konkrete Verpflichtung aus der Ausfallverhütungsgarantie entstehen kann. Notwendig wäre dafür, dass dem Sicherungsnehmer ein Ausfall droht. Denn nur dann kann überhaupt eine Haftung des Sicherungsgebers aus der Ausfallverhütungsgarantie begründet sein.

Befindet sich das Recht des Sicherungsnehmers aber im geringsten Gebot und ersteigert ein Dritter das Grundstück, so bleibt das Recht des Sicherungsnehmers nach §§ 44 Abs. 1 S. 2, 52 Abs. 1 ZVG bestehen. Ein Ausfall des Sicherungsnehmers entsteht also nicht. Gleiches gilt für den Fall, dass in der Zwangsversteigerung kein Gebot abgegeben wird. Denn auch dann bleibt das gesicherte Recht bestehen.[102]

Ohne einen Ausfall des Sicherungsnehmers besteht aber auch keine Verpflichtung des Sicherungsgebers aus der Ausfallverhütungsgarantie. Zu einer Haftung kann es in einem derartigen Fall also nicht kommen. Sofern aber eine Haftung nicht in Betracht kommt, kann es für den Sicherungsgeber auch nicht geboten sein, den Haftungsumfang möglichst klein zu halten. Damit kann sich im Anwendungsbereich des § 50 Abs. 1 S. 1 ZVG für den Sicherungsgeber keine Notwendigkeit zur Abgabe eines Gebotes in der Zwangsversteigerung ergeben.

Die von Stillschweig geschilderte Gefahr einer doppelten Haftung des Sicherungsgebers bei der Annahme einer nicht-akzessorischen Sicherung kann sich mithin gar nicht ergeben. Folglich lässt sich aus dieser Gefahr auch kein Argument für die Vereinbarung einer akzessorischen Sicherung durch die Vertragsparteien gewinnen.

cc) Folgen der Annahme einer nicht-akzessorischen Sicherung für den Haftungsgegenstand

Für diese akzessorische Sicherung der Hypothek oder Grundschuld könnte aber eine viel grundsätzlichere Überlegung sprechen. Zu deren Verständnis ist es zunächst notwendig, den Begriff der Akzessorietät näher zu beleuchten.

Dabei ist zu beachten, dass Bürgschaft und Garantievertrag nicht zwei völlig gegensätzliche Verträge sind.

---

102 BGH NJW 1999, 711.

Dies wird deutlich, wenn man sich vor Augen führt, dass die Akzessorietät zwischen Bürgschaftsschuld und Schuld aus der Hauptverbindlichkeit durch einige gesetzliche Regelungen eingeschränkt wird. So wird nach § 768 Abs. 1 S. 2 BGB die Akzessorietät im Falle des Todes des Hauptschuldners durchbrochen. § 254 Abs. 2 S. 1 InsO durchbricht die Akzessorietät für den Fall der Insolvenz des Hauptschuldners.[103]
Auf der anderen Seite lässt sich auch nicht sagen, dass der Garantievertrag, der gesetzlich nicht normiert ist, gänzlich nicht-akzessorisch sein muss.

Das richtige Verständnis über das Verhältnis von Interzessionsgarantie und Bürgschaft gewinnt man, wenn man beide als Unterfälle eines (Interzessions)garantievertrages im weiteren Sinne begreift.[104] Durch einen derartigen Garantievertrag im weiteren Sinne soll immer eine Forderung des Sicherungsnehmers durch den Sicherungsgeber gesichert werden. Fraglich ist dann, wo zwischen den beiden Formen des Garantievertrages im weiteren Sinne - der Bürgschaft auf der einen Seite und dem Garantievertrag im engeren Sinne auf der anderen Seite - die Grenze liegt.
Ist die Akzessorietät das maßgebliche Abgrenzungskriterium, so ist festzustellen, wie viel Akzessorietät vorhanden sein muss, um eine Bürgschaft bejahen zu können, bzw. ab wann ein Garantievertrag anzunehmen ist.

Um diese Frage beantworten zu können, ist ein Blick auf die Ausgestaltung der Akzessorietät durch die §§ 765 ff. BGB notwendig. Danach besteht die Akzessorietät zwischen der gesicherten Forderung und der Bürgschaftsverbindlichkeit auf verschiedene Arten:[105]

- Die erste Art der Akzessorietät ist die Akzessorietät in der Entstehung nach § 765 Abs. 1 BGB. Dies bedeutet, dass Voraussetzung für die Ent-

103 Allerdings wird dies teilweise gar nicht als Einschränkung der Akzessorietät verstanden. So etwa in Staudinger(Horn), § 767 Rn. 48, wo diese Fälle als „Tatbestände der verminderten Leistungsfähigkeit des Schuldners" bezeichnet werden, die durch die Bürgschaft gerade gedeckt werden sollen. Dies ändert aber doch nichts daran, dass in diesen Fällen die Bürgschaft nicht mehr in Auflösung und Umfang abhängig von der Hauptforderung ist. Dadurch wird also durch die genannten Normen die Akzessorietät für bestimmte Fälle durchbrochen. Die von Horn angestellte Überlegung ist dabei der Grund für diese Durchbrechung.

104 So wohl auch das Verständnis des historischen Gesetzgebers. Vgl.: Motive II, S. 658: „Der Bürgschaftsvertrag lässt sich als besonderer Fall des Garantievertrages auffassen." Das Verständnis von der Bürgschaft als besondere Form eines Garantievertrages im weiteren Sinne ist erstmals von Heck, Schuldrecht, S. 380 eingehend dargestellt worden.

105 Eingehend zu den verschiedenen Arten der Akzessorietät Medicus, Akzessorietät JuS 1971, 497 ff, Lettl WM 2000, 1316 ff.

stehung der Bürgschaftsverbindlichkeit die Entstehung der Hauptverbindlichkeit ist.

- Zweitens besteht eine Akzessorietät im Umfang nach den §§ 767 Abs. 1 S. 1, 767 Abs. 2 BGB. Der Umfang der Hauptverbindlichkeit bestimmt den Umfang der Bürgschaftsverbindlichkeit.

- Drittens gibt es Akzessorietät zwischen Hauptschuld und Bürgschaftsverbindlichkeit bei der Frage, wem die Forderung aus der Bürgschaft zusteht, also der Forderungszuständigkeit. Dies ergibt sich aus § 401 Abs. 1 BGB. Bei Abtretung der Hauptforderung geht die Forderung aus dem Bürgschaftsvertrag mit über.

- Viertens besteht auch eine Akzessorietät in der Durchsetzung nach § 768 BGB. Einreden gegen die Hauptforderung können auch der Geltendmachung der Bürgschaftsforderung entgegengehalten werden.

- Schließlich besteht fünftens noch eine Akzessorietät im Bestand nach §§ 765 Abs. 1, 767 S.1 BGB. Wenn die Hauptverbindlichkeit erlischt, erlischt auch die Bürgschaftsverbindlichkeit.

Will man Garantievertrag und Bürgschaft rechtlich eindeutig voneinander abgrenzen, so ist herauszuarbeiten, welche Arten der Akzessorietät für die Abgrenzung maßgeblich sind. Oder anders ausgedrückt kommt es darauf an, welche Arten der Akzessorietät der geschlossene Vertrag unbedingt aufweisen muss, um ihn als Bürgschaft bezeichnen zu können.
Das BGB versteht die Bürgschaft als die typische Form der akzessorischen Sicherheit.[106] Demnach können nur die Arten der Akzessorietät für die Abgrenzung einer Bürgschaft von einem Garantievertrag (im engeren Sinne) maßgeblich sein, ohne die die besonders enge Verbindung zwischen Bürgschaftsforderung und Hauptforderung nicht bestünde, also die Arten, ohne die sich nicht mehr von einer akzessorischen Sicherheit sprechen ließe.

Bei der Akzessorietät in der Durchsetzung ist dabei zu beachten, dass auch ohne diese die Bürgschaftsforderung als solche an die Hauptforderung geknüpft ist. Lediglich die Geltendmachung der beiden Ansprüche wird durch diese Form der Akzessorietät getrennt. Es ist daher folgerichtig, dass der Bürge auf die Rechte aus § 768 BGB von vornherein verzichten kann, ohne dass der Bürg-

106 Vgl. Motive II, S. 659.

schaftscharakter eines Vertrages aufgelöst wird.[107] Die Akzessorietät in der Durchsetzung kann somit kein taugliches Abgrenzungskriterium zwischen Bürgschaft und Garantievertrag sein.

Auch die Akzessorietät in der Forderungszuständigkeit ist für die Abgrenzung von Bürgschaft und Garantievertrag ungeeignet. Diese durch § 401 BGB hergestellte Akzessorietät betrifft nämlich nur eine Regelung für den Fall der Abtretung der gesicherten Forderung, die zudem für die Parteien dispositiv ist.[108] Das Vorliegen einer entsprechenden Vereinbarung bei Vertragsschluss kann daher weder für eine Bürgschaft noch für einen Garantievertrag sprechen.

Zweifelhafter ist dies schon bei der Akzessorietät im Umfang. Zumindest die Rechtsprechung sieht die Akzessorietät im Umfang als zwingend für einen Bürgschaftsvertrag an,[109] wobei dies nicht bedeutet, dass die Höhe der Bürgschaftsforderung stets die Höhe der Hauptforderung erreichen muss.[110] Gemeint ist, dass der Bürge nach der Vereinbarung nicht für mehr haftet als der Hauptschuldner.[111] Führt man sich vor Augen, dass anderenfalls die Bürgschaftsforderung ihren Wert unabhängig von der Hauptforderung erhalten kann, letztere die erstere also nicht mehr bestimmte, so ist diese Schlussfolgerung richtig.
Bei der Ausfallverhütungsgarantie ist Voraussetzung für eine Zahlungspflicht des Sicherungsgebers, dass der Sicherungsnehmer nicht oder nicht in voller Höhe durch die Verwertung des Rechtes an dem Grundstück befriedigt wurde. Folglich besteht die Verpflichtung aus der Ausfallverhütungsgarantie auch nur in dem Umfang, in dem der Sicherungsnehmer nach der durchgeführten Zwangsversteigerung noch unbefriedigt ist.
Demnach beschränkt hier der Umfang der (noch bestehenden) Hauptverbindlichkeit[112] den Umfang der Verbindlichkeit aus der Ausfallverhütungsgarantie. Dies erfüllt die Voraussetzungen der Akzessorietät im Umfang nach §§ 767 Abs. 1 S. 1, 767 Abs. 2 BGB.

---

107 BGH WM 1963, 1302(1303) f., Staudinger(Horn), 768 Rn. 32; Palandt(Sprau), § 768 Rn. 8.

108 RGZ 85, 363(364); Staudinger(Busche), § 401 Rn. 7; Erman(Westermann), § 401 Rn. 7.

109 BGH WM 1966, 122(124).

110 RGZ 95, 9(11).

111 Staudinger(Horn), § 767 Rn. 6.

112 Streng formal könnte hier jedenfalls oberflächlich argumentiert werden, dass die Hypothek oder Grundschuld mit Zuschlagserteilung erloschen sei. Aber bei dieser Argumentation würde die Ausfallverhütungsgarantie dann im entscheidenden Moment ohne zu sichernde Forderung dastehen, ein gänzlich widersinniges Ergebnis. Zudem ist aber durch das Erlöschen der Hypothek oder Grundschuld noch gar nichts über die durch sie gesicherte dingliche Forderung gesagt. Eine Frage die an anderer Stelle besondere Bedeutung erlangen wird, siehe unten Seite 84.

Keine Ausnahme davon ist eine Ausfallverhütungsgarantie, die auf eine bestimmte Höhe begrenzt ist. Eine in der Höhe begrenzte Bürgschaft ist ohne weiteres möglich[113] und ändert genau genommen nichts an der Akzessorietät im Umfang. Denn auch dann haftet der Bürge nur in der Höhe, in der die Hauptforderung noch besteht, also bestimmt auch hier der Bestand der Hauptforderung im Sinne des § 767 Abs. 1 BGB die Bürgschaftsforderung, allerdings mit der Einschränkung, dass über einen bestimmten Betrag hinaus nicht mehr gehaftet wird.

Zu beachten ist jedoch, dass eine Grenzziehung zu einem Garantievertrag durch die Akzessorietät im Umfang kaum möglich ist. Bei genauer Betrachtung der vertraglichen Vereinbarung lässt sich nämlich ebenso gut sagen, dass durch die Bezugnahme auf einen tatsächlichen Ausfall lediglich der Garantiefall bestimmt wird. Bei dieser Auslegung der Parteivereinbarung wird die Garantie dann nur bezüglich des tatsächlich ungesicherten Teils aus der Hypothek oder Grundschuld übernommen. So verstanden stellte die Klausel folglich gar keine akzessorische Verbindung im Umfang zwischen Forderung aus dem Sicherungsvertrag und Hauptforderung her, sondern beschreibt lediglich die Voraussetzung der Haftung durch den Sicherungsgeber. Auch Garantieverträge, bei denen der Garantiefall auf einen bestimmten Verlust des Garantienehmers beschränkt wird, weisen im Ergebnis demnach die Wirkung einer Akzessorietät im Umfang auf.

Es lässt sich also lediglich sagen, dass, wenn der Nachweis der Akzessorietät im Umfang misslingt, keine Bürgschaft vorliegen kann. Der Umkehrschluss ist indes nicht möglich. Eine vertragliche Vereinbarung, die die Haftung des Sicherungsgebers auf einen bestimmten tatsächlichen Verlust beschränkt, lässt sich oftmals nicht eindeutig dahingehend verstehen, dass durch sie eine Akzessorietät i.S.der §§ 767 Abs. 1 S. 1, 767 Abs. 2 BGB begründet wird. Ebenso gut lässt sich eine derartige Vereinbarung auch als eine genaue Bestimmung des Garantiefalles verstehen. Somit kann die Akzessorietät im Umfang ebenso wenig wie die Akzessorietät in der Forderungszuständigkeit und die Akzessorietät in der Durchsetzung ein taugliches Abgrenzungskriterium zwischen einer Bürgschaft und einer Interzessionsgarantie sein.

Daraus folgt, dass maßgeblich für die Abgrenzung zwischen einem Garantievertrag und einer Bürgschaft nur die Akzessorietät in der Entstehung und die Akzessorietät in der Auflösung sein können. Eine Tatsache, die auch durch den BGH bereits eindeutig herausgestellt wurde. Er stellt insoweit fest, dass ein Garantievertrag nur vorliege, „sofern dem Gläubiger gewährleistet wird, dass er die Leistung auf jeden Fall erhalten soll, und zwar auch dann, wenn die Ver-

113 Staudinger(Horn), § 767 Rn. 6.

bindlichkeit des Hauptschuldners nicht zur Entstehung gekommen oder später weggefallen ist".[114]

Dies ist in der Tat der Kernbereich der akzessorischen Sicherung. Ohne eine derartige Verbindung zwischen Hauptforderung und Forderung aus dem Sicherungsgeschäft wird letztere Forderung nämlich unabhängig von der Hauptforderung. Schließlich bestimmt sich der Anspruch aus der Sicherungsvereinbarung bei einer derartigen Vertragsgestaltung gänzlich ohne eine Bindung an die Forderung aus dem gesicherten Geschäft. Dann hat die Forderung aus dem Sicherungsvertrag in einem derartigen Fall aber gerade die den Garantievertrag prägende Selbständigkeit gegenüber der Forderung aus der Hauptverbindlichkeit.

Um zur Annahme einer Bürgschaft und zur Ablehnung eines Garantievertrages kommen zu können, ist es daher unabdingbare Voraussetzung, dass die Forderung aus der Bürgschaft in ihrer Entstehung und in ihrem Bestand akzessorisch zu der Forderung aus der Hauptverbindlichkeit ist.[115]

Entscheidend für die Frage, ob die Vertragsparteien bei einer Ausfallverhütungsgarantie eine akzessorische Sicherung anstreben oder ob die Forderung aus der Ausfallverhütungsgarantie nach dem Willen der Vertragsparteien nicht-akzessorisch zu der Forderung aus der Hypothek oder Grundschuld sein soll, ist somit, ob der Sicherungsgeber unabhängig vom rechtlichen Bestand der gesicherten Hypothek oder Grundschuld haften will. Nur wenn man den Willen zu einer unabhängigen Sicherung bejaht, kann man von einer nicht-akzessorischen Sicherung sprechen.

Dies wird so jedoch von niemandem behauptet. Im Gegenteil, es wird vielfach aus dem Zweck der Vereinbarung gefolgert, dass bei einer unwirksamen Entstehung oder einem Wegfall der gesicherten Hypothek oder Grundschuld auch die Verpflichtung aus der Ausfallverhütungsgarantie entfällt.[116] Nach dem zuvor Festgestellten ist der Anspruch aus dem gesicherten Recht damit akzessorisch zu dem Anspruch aus der Ausfallverhütungsgarantie.

Unterstellt man demgegenüber den Parteien den Willen zu einer nicht-akzessorischen Sicherung, geht man also davon aus, dass der Sicherungsgeber unabhängig vom rechtlichen Bestand der gesicherten Hypothek oder Grundschuld haften soll, so ergibt es keinen Sinn, dass die Vertragsparteien die Sicherung des Rechtes an dem Grundstück vereinbaren und nicht gleich die Sicherung der dahinter stehenden persönlichen Forderung.

---

114 BGH WM 1955, 265 (= BGH LM, Nr. 1 zu § 765).
115 So auch Kleiner, S. 34.
116 Kuth, S. 15 f.; Droste MittRhNotK 1995, 50.

Schließlich hätte die Existenz der Hypothek oder Grundschuld bei einer nicht-akzessorischen Sicherung ohnehin keine eigenständige Bedeutung für die Verpflichtung des Sicherungsgebers. Die Forderung aus dem gesicherten Recht wäre nur noch formal von Bedeutung, da grundsätzlich zunächst die Zwangsversteigerung des Grundstücks durchgeführt werden müsste, bevor es zu einer Inanspruchnahme des Sicherungsgebers kommen könnte.

Diese Einschränkung, also eine Haftung nur nach der Zwangsversteigerung des haftenden Grundstücks, ließe sich für die Vertragsparteien aber auch dadurch erreichen, dass die durch die Hypothek oder Grundschuld gesicherte Forderung vom Sicherungsgeber durch eine Ausfallbürgschaft gesichert wird. Eine solche verlangt schließlich auch, dass andere Sicherheiten den Bürgschaftsnehmer nicht befriedigen konnten.[117]

Bei einer nicht-akzessorischen Sicherung entspräche die gegebene Zusage einer (durch die Sicherung der Hypothek oder Sicherungsgrundschuld vermittelten) Sicherung für die durch das Recht an dem Grundstück gesicherten persönlichen Forderung. Denn bei einer nicht-akzessorischen Sicherung steht die Hypothek oder Grundschuld nicht mehr mit eigenständiger Bedeutung zwischen dem Anspruch aus der Ausfallverhütungsgarantie und dem Anspruch aus der durch die Hypothek oder Grundschuld gesicherten persönlichen Verbindlichkeit. Wäre eine derartige Sicherung der hinter der Hypothek oder Grundschuld stehenden persönlichen Forderung jedoch von den Vertragsparteien gewollt, so könnten sie auch gleich eine Bürgschaft oder einen Garantievertrag für diese Forderung abschließen. Dass sie dies nicht tun, sondern lediglich eine Sicherung der Hypothek oder Grundschuld vereinbaren, macht deutlich, dass die hinter dem Recht an dem Grundstück stehende persönliche Forderung gerade nicht Gegenstand der Vereinbarung sein soll. Ihre Sicherung ist nicht bezweckt. Es soll ausschließlich die dingliche Forderung aus der Hypothek oder Sicherungsgrundschuld gesichert werden. Eine darüber hinausgehende Sicherung ist gerade nicht gewollt. Damit diese Beschränkung auf die Sicherung der dinglichen Forderung aus dem Recht an dem Grundstück wirksam ist, ist der rechtliche Bestand der gesicherten Hypothek oder Grundschuld aber die entscheidende Voraussetzung. Denn anderenfalls würde bei Nichtentstehung oder Wegfall der Hypothek oder Grundschuld eben doch für die persönliche Forderung gehaftet.

Daraus folgt, dass nur eine solche Sicherung der Hypothek oder Grundschuld im Interesse der Parteien liegt, die in Entstehung und Bestand akzessorisch zu dem gesicherten Recht ist.

---

117 Motive II, S. 672. Siehe auch: BGH NJW 1989, 1855 m.w.N.

dd) Zusammenfassende Würdigung

Da also eine nicht-akzessorische Sicherung zu einer über die Sicherung der Hypothek oder Sicherungsgrundschuld hinausgehenden Gewährsübernahme für die hinter diesen Rechten stehende persönliche Forderung führt, entspricht eine so gestaltete Vereinbarung nicht den Interessen der Vertragsparteien. Damit steht fest, dass der Parteiwille bei Abschluss einer Ausfallverhütungsgarantie auf eine die Bürgschaft prägende akzessorische Sicherung gerichtet ist.

Die bisherigen Überlegungen haben ergeben, dass die Verpflichtung aus der Ausfallverhütungsgarantie akzessorisch zu der Verpflichtung aus dem gesicherten Recht ist. Daraus folgt, dass ein derartiger Vertrag, entgegen der gängigen Ansicht, sich nicht als ein Garantievertrag qualifizieren lässt, mögen die Parteien ihre Vereinbarung auch als „Ausfallverhütungs*garantie*", „Ausfall*garantie*" oder Ähnliches bezeichnen.

Es folgt aus dieser Erkenntnis natürlich noch nicht, dass der Vertrag eine Bürgschaft ist. Allerdings weisen Ausfallverhütungsgarantien jedenfalls das bestimmende Merkmal einer Bürgschaft, die Akzessorietät zwischen gesicherter Forderung und Forderung aus der Sicherungsvereinbarung, auf.

Zudem steht damit zumindest fest, dass, unabhängig von einer endgültigen rechtlichen Einordnung, die Akzessorietät zwischen der gesicherten Hauptforderung (also dem dinglichen Anspruch aus der Hypothek oder Grundschuld) und der Forderung aus der Ausfallverhütungsgarantie bei der Anwendung der entsprechenden Verträge stets zu beachten ist.

Außerdem folgt aus den getroffenen Feststellungen über die Interessenlage der Parteien bei Abschluss des Vertrages, dass eine andere Bewertung einzelner Verträge zumindest voraussetzt, dass der Wille der Vertragsparteien nicht auf die Sicherung der dinglichen Forderung aus der Hypothek oder Grundschuld beschränkt ist. Im Gegenteil muss dieser Wille auch die Sicherung der hinter dem gesicherten Recht stehenden persönlichen Forderung erfassen. Nur dann ließe sich eine Ausfallverhütungsgarantie als Garantievertrag verstehen. Dazu müsste jedoch im Einzelfall nachgewiesen werden, warum die Parteien nicht gleich eine Bürgschaft oder Garantie für diese Forderung vereinbart haben. Dies wird nahezu durchgängig nicht möglich sein.

Es wurde denn auch bereits festgestellt[118], dass das Vorliegen der Akzessorietät zwischen gesicherter Forderung und Anspruch aus der Ausfallverhütungsgarantie auch in der Literatur durchaus Anerkennung findet.[119]

---

118 Oben Seite 33.

119 Stillschweig, Ausbietungsgarantie JW 1914, 334, Eubel, S. 24 f., Nebe, S. 29, Kalter KTS 1964, 195

Dennoch wird die Einordnung der Verträge als Bürgschaften abgelehnt.[120] Dies wird dabei auch mit einer vom Vorliegen einer Akzessorietät zwischen der gesicherten Forderung und dem Anspruch aus der Ausfallverhütungsgarantie unabhängigen Erwägungen begründet. Tatsächlich reicht die bloße Feststellung von Akzessorietät für die Annahme eines Bürgschaftsvertrages nicht. Auch sonstige typenbestimmende Merkmale einer Bürgschaft müssen erfüllt sein.

Gegen die Bejahung der rechtlichen Struktur einer Bürgschaft werden zwei beachtenswerte Argumente vorgebracht. Im Folgenden sollen diese Argumente auf ihre Stichhaltigkeit hin untersucht werden. Ergibt die Untersuchung, dass diese Argumente nicht überzeugen, so steht der Anwendung der §§ 765 ff. BGB nichts mehr entgegen. Überzeugen die Bedenken gegen die Qualifizierung als Bürgschaftsvertrag i.S.der gesetzlichen Regelung, so fragt es sich, ob die Regeln des Bürgschaftsrechts dennoch herangezogen werden können.

5. Bedeutung der Person des Hauptschuldners

Ein Argument gegen die Qualifizierung der Ausfallverhütungsgarantie als Bürgschaft ist der Verweis auf die angeblich unterschiedliche Motivation zwischen einem Bürgen und dem Sicherungsgeber der Ausfallverhütungsgarantie. Es wird dabei gesagt, dass für den Bürgen die Person des Hauptschuldners ausschlaggebend sei, für den Sicherungsgeber hingegen der Wert der Hypothek oder Grundschuld.[121]

Wörtlich genommen erinnert diese Argumentation an jene über das besondere Interesse des Garanten an dem Zustandekommen des gesicherten Geschäfts.[122] Hier wie dort wird eine vom Bürgen zu unterscheidende, innere Einstellung zum Abschluss des Vertrages behauptet. Richtig nachgewiesen wird diese abweichende innere Einstellung aber hier ebenso wenig wie dort. Dass die Person des Hauptschuldners – also des Eigentümers des haftenden Grundstücks – kein Grund für die Abgabe der Ausfallverhütungsgarantie sein soll, ist zudem, zumindest in den Fällen, in denen dieser sowohl Darlehensnehmer als auch Grundstückseigentümer ist, sachlich nicht richtig. Ziel der Vereinbarung ist es schließlich, die Auszahlung eines Darlehens an einen bestimmten Schuldner zu ermöglichen. Dabei mag es durchaus vorkommen, dass der Sicherungsgeber den wirtschaftlichen Wert des zu beleihenden Grundstücks höher einschätzt als der Kreditgeber. Für sich genommen ist dies jedoch wohl kaum jemals Motivation für die Gewährsübernahme. Schließlich hat der Sicherungsgeber keinen unmittelbaren wirtschaftlichen Vorteil aus der Ausfallverhütungsgarantie. Ent-

120 Stillschweig, Ausbietungsgarantie JW 1914, 334, Nebe, S. 15 f., Kalter KTS 1964, 195.
121 Hennings, S. 19.
122 Dazu oben, Seite 31 ff.

scheidend wird für ihn daher immer die Beziehung zum Eigentümer/persönlichen Schuldner sein.

Als Beispiel sei hier der bereits oben dargestellte Fall[123] der Übernahme der Verpflichtung durch einen Grundstücksmakler angeführt. Der Makler will die Darlehensgewährung an seinen Kunden. Dieser soll mit dem gewährten Darlehen das Grundstück erwerben können. Denn nur wenn dies gelingt, hat auch der Makler einen wirtschaftlichen Vorteil durch den Anspruch auf Zahlung einer Vergütung für die durch ihn erbrachte Dienstleistung. Der Sicherungsgeber geht die Verpflichtung also gerade ein, um die Auszahlung eines Darlehens an seinen Kunden zu erreichen. Die Person des Schuldners hat eine erhebliche Bedeutung für den Sicherungsgeber.

Er wird auch stets darauf vertrauen, dass dieser seinen Verpflichtungen aus dem (durch die Ausfallverhütungsgarantie ermöglichten) Darlehensvertrag nachkommt, sodass es erst gar nicht zu einer Zwangsversteigerung des haftenden Grundstücks kommt und die Gefahr einer Inanspruchnahme aus der Ausfallverhütungsgarantie auch nicht konkret wird. Auch insoweit hat die Person des Eigentümers also Bedeutung für den Sicherungsgeber.

Die Behauptung, dass die Person des Eigentümers für den Sicherungsgeber ohne Bedeutung ist, lässt sich derart absolut formuliert also nicht aufrecht erhalten.

Etwas anders formuliert könnte das Argument über die unterschiedliche Sachlage bei einer Bürgschaft für eine dingliche Verbindlichkeit gegenüber einer Bürgschaft für eine schuldrechtliche Verpflichtung jedoch tatsächlich einen entscheidenden Gesichtspunkt ansprechen.

Denn die durch die Ausfallverhütungsgarantie gesicherte dingliche Forderung kann nur in das haftende Grundstück hinein vollstreckt werden.[124] Ganz entscheidend für die Gefahr einer tatsächlichen Inanspruchnahme aus der eingegangenen Verpflichtung ist es für den Sicherungsgeber der Ausfallverhütungsgarantie also der Wert dieses Grundstücks. Die Gefahr der Inanspruchnahme wird schließlich durch den Wert des haftenden Grundstücks bestimmt, nicht durch die persönliche Zahlungsfähigkeit des Eigentümers.

Demgegenüber kommt es bezüglich dieser Gefahr der Inanspruchnahme bei einer Bürgschaft für eine schuldrechtliche Verbindlichkeit ausschließlich auf die persönliche Leistungsfähigkeit des Hauptschuldners an. Insoweit lässt sich sagen, dass bei der Ausfallverhütungsgarantie die wirtschaftliche Leistungsfähigkeit des Hauptschuldners (=des Eigentümers des haftenden Grundstücks) zumindest nicht die gleiche Bedeutung hat, wie bei der Sicherung einer schuldrechtlichen Forderung.

---

123 Seite 23 (der Fall aus BGH WM 1989, 1940).

124 Oben Seite 40.

Es fragt sich jedoch, ob aus dieser geringeren Bedeutung der Person des Hauptschuldners die Schlussfolgerung gezogen werden kann, dass dadurch eine unterschiedliche rechtliche Einordnung der Verträge bedingt wird.

Wollte man dies bejahen, so müsste man der Bürgschaft tatbestandlich die Voraussetzung zuweisen, dass die wirtschaftliche Leistungsfähigkeit des Schuldners maßgeblich für den Vertragsschluss sein muss. Dies wäre aber falsch herum gedacht. Die wirtschaftliche Leistungsfähigkeit des Hauptschuldners hat für den Bürgen üblicherweise eine derart große Bedeutung, weil er sich für dessen obligatorische Schuld verpflichtet hat. Und sofern ein schuldrechtlicher Anspruch gesichert werden soll, hängt die Leistungspflicht des Bürgen nun einmal ausschließlich von der Leistungsfähigkeit des Hauptschuldners ab. Die Bedeutung der wirtschaftlichen Leistungsfähigkeit folgt bei der Bürgschaft also grundsätzlich aus der Art der gesicherten Forderung und ist nicht Voraussetzung für die Bürgschaftsverpflichtung.

Im Übrigen ist die Bedeutung der wirtschaftlichen Leistungsfähigkeit bei einer Interzessionsgarantie auch nicht anders zu beurteilen. Schließlich haftet auch der Garant subsidiär. Ob der Garant einer Interzessionsgarantie aus der Garantie leisten muss oder nicht, hängt bei der Sicherung einer persönlichen Schuld auch dort von der Leistungsfähigkeit des Schuldners der garantierten Forderung ab.

Auch aus diesem Grund lässt sich also nicht sagen, dass die Bedeutung der Leistungsfähigkeit des Hauptschuldners ein prägendes Element eines Bürgschaftsvertrages sei.

Aus der Person des Hauptschuldners lässt sich somit kein Einwand gegen die rechtliche Qualifizierung der Ausfallverhütungsgarantie als Bürgschaft gewinnen.

6. Bedeutung der Person des Gläubigers

Neben der Person des Schuldners wird auch die Person des Gläubigers immer wieder als Anknüpfungspunkt für die Ablehnung einer Bürgschaft genommen. So stellte bereits Stillschweig fest, dass der Berechtigte aus der Ausfallverhütungsgarantie neben dem Hypotheken- oder Grundschuldgläubiger auch der vom Eigentümer verschiedene persönliche Schuldner, der Zedent des Grundpfandrechtes oder ein Bürge der durch die Hypothek oder Grundschuld gesicherten Forderung sein könne. Aus dieser Tatsache folgerte Stillschweig, dass die Ausfallverhütungsgarantie keine Bürgschaft sein könne. Dies ergibt sich seiner Ansicht nach daraus, dass der Bürge sich nur gegenüber dem Gläubiger eines Dritten (dies wäre hier der Gläubiger der Hypothek oder Grundschuld) verpflichten könne und nicht gegenüber jemandem, der vielleicht einmal Gläubiger wird.[125]

Mit dieser Argumentation ist aber zunächst nichts über das rechtliche Verständnis jener Fallkonstellationen gesagt, bei denen ein Vertrag eben doch mit dem derzeitigen Gläubiger der Hypothek oder Grundschuld geschlossen wird.[126] Die gesamte Argumentation betrifft nur Fälle, bei denen der Gläubiger der dinglichen Forderung aus der Hypothek oder Grundschuld und der Gläubiger der Forderung aus der Ausfallverhütungsgarantie auseinanderfallen. Es ist zutreffend, wenn dieser Rückschluss von besonderen Fallgestaltungen auf sämtliche unter dem Begriff der Ausfallverhütungsgarantie erfassten Vertragsgestaltungen als methodisch verfehlt bezeichnet wird.[127] Denn selbst wenn man der Argumentation folgte, so ließe sich daraus allenfalls der Schluss ziehen, dass Ausfallverhütungsgarantien bei denen der Sicherungsnehmer nicht der Hypothekar oder Grundschuldgläubiger ist, keine Bürgschaften sein können. Für alle anderen Fälle hätte dies hingegen keine Bedeutung.

Aber fraglich ist zudem, ob die getroffene Aussage, dass eine Bürgschaft nur mit dem Gläubiger der Hauptforderung – also bei einer Ausfallverhütungsgarantie mit dem Hypothekar oder dem Gläubiger der Grundschuld – geschlossen werden kann, überhaupt zutrifft. Dies folgert die h.M. aus der Akzessorietät zwischen gesicherter Forderung und Bürgschaftsforderung. Diese verlange, dass Gläubiger der Hauptschuld und Gläubiger der Bürgschaft stets dieselbe Person sein müsse.[128]

Dabei stellt sich aber die Frage, welche Art der Akzessorietät überhaupt gemeint ist.[129] Die Akzessorietät in der Entstehung, im Umfang, in der Durchsetzung und im Bestand ist bei einer Trennung der Gläubiger von Hauptschuld und Bürgschaft gänzlich unberührt.[130] Lediglich die Akzessorietät in der Forderungszuständigkeit gemäß § 401 BGB wird durch die Trennung durchbrochen. Oben[131] ist aber bereits festgestellt worden, dass § 401 BGB durch die Vertragsparteien abbedungen werden kann. Dann ist es nur konsequent, wenn auch eine Trennung der beiden Gläubiger möglich ist. Dass die h.M. es zwar zulässt, dass die Parteien den Übergang der

125 Stillschweig, Ausbietungsgarantie JW 1914, 335; die dortigen Überlegungen finden sich unverändert bei Hennings, S. 19 und bei Droste MittRhNotK 1995, 41.
126 Ebenso Zschaler LZ 1919, 842.
127 Eubel, S. 30
128 BGHZ 95, 88(93); 115, 177(183) m.w.N.; Staudinger(Horn), Vorbem. zu §§ 765 ff., Rn. 20 m.w.N.
129 Zu den Arten der Akzessorietät siehe oben, Seite 44 f.
130 Siehe dazu auch Bydlinski ZIP 1989, 958.
131 Seite 46.

Bürgschaftsforderung nach § 401 BGB ausschließen,[132] dann aber eine isolierte Abtretung der Hauptforderung zum Erlöschen der Bürgschaft führen soll,[133] ist unstimmig.[134] Wenn die Parteien auf Grund der Vertragsfreiheit eine von § 401 BGB abweichende Regelung im Rahmen einer Bürgschaft treffen können, so folgt daraus, dass eine Akzessorietät in der Forderungszuständigkeit keine zwingende Voraussetzung für eine Bürgschaft ist. Folglich ergibt der Akzessorietätsgrundsatz auch nicht die Notwendigkeit zu einer Personenidentität zwischen dem Gläubiger der Hauptforderung und dem Gläubiger der Bürgschaft. Somit ist eine Bürgschaft bei einer Trennung des Gläubigers der Hypothek oder Grundschuld auf der einen Seite und des Gläubigers der Ausfallverhütungsgarantie auf der anderen Seite grundsätzlich möglich. Wirtschaftlich sinnvoll ist eine solche Trennung dann, wenn der Gläubiger der Hauptforderung nicht derjenige ist, dem der wirtschaftliche Wert dieser Forderung letztendlich zusteht. Ein Fallbeispiel für eine solche Konstellation ist etwa:

Der A hat eine Forderung des B gegen X gepfändet und sich zur Einziehung überweisen lassen. Als X um Zahlungsaufschub bittet, verlangt A eine Bürgschaft. Y ist bereit, für den X eine Bürgschaft abzugeben.

Sinnvoll ist hier nur eine Bürgschaft zugunsten von A. A ist aber nicht der Gläubiger der Hauptforderung. Ein Auseinanderfallen der Person des Gläubigers der Hauptforderung und der Person des Gläubigers der Bürgschaftsforderung ist also nicht nur theoretisch denkbar, sondern in Einzelfällen auch wirtschaftlich sinnvoll.

Die Behauptung, dass eine Bürgschaft nur mit dem gegenwärtigen Gläubiger der Forderung getroffen werden kann, ist folglich unzutreffend und spricht nicht gegen den Bürgschaftscharakter einer Ausfallverhütungsgarantie.

7. Abschließende rechtliche Qualifizierung

Auch die nicht auf der angeblich fehlenden Akzessorietät zwischen der Forderung aus der Hypothek oder Grundschuld auf der einen Seite und der Forderung

132 RGZ 85, 363(364); Erman(Westermann), § 401 Rn. 7; Staudinger(Busche) § 401 Rn. 7.

133 RGZ 85, 363(364);Erman(Westermann), § 401 Rn 7; Staudinger(Busche), § 401 Rn. 8, Lettl WM 2000, 1319.

134 Ähnlich Enneccerus/Lehmann, S. 308, die dortigen Überlegungen finden Zustimmung in RGRK(Mormann), § 767 Rn. 5. Auch Medicus, Akzessorietät JuS 1971, 499 in Fn. 14 und Larenz/Canaris, Schuldrecht BT 2 bejahen die Möglichkeit, dass die Hauptforderung und die Forderung aus der Bürgschaft verschiedenen Personen zusteht.

aus der Ausfallverhütungsgarantie auf der anderen Seite gründenden Argumente überzeugen demnach nicht.

Damit ist festzustellen, dass die Ausfallverhütungsgarantie eine akzessorische Sicherheit ist und sich vollständig unter den Begriff der Bürgschaft i.S.der §§ 765 ff. BGB subsumieren lässt.

Fraglich bleibt, welche Art von Bürgschaft vorliegt. Zu denken ist insbesondere an eine Ausfallbürgschaft. Eine solche liegt vor, wenn der Bürge nur für den Differenzbetrag haftet, den der Gläubiger bei der Rechtsverfolgung gegen den Schuldner nicht erlangen konnte.[135] Voraussetzung dieser Art der Bürgschaft ist es, dass nach der vertraglichen Vereinbarung der Gläubiger zunächst die Zwangsvollstreckung gegen den Schuldner betreiben muss und dass zudem weitere Sicherheiten fehlen oder versagen.[136]
Die Sicherheit einer durch eine Hypothek oder Grundschuld gesicherten Forderung ist das haftende Grundstück. Weitere Sicherheiten bestehen nicht. Geltend gemacht werden kann die Forderung stets nur im Wege der Zwangsvollstreckung in das Grundstück. Damit ist Voraussetzung für die Inanspruchnahme des Sicherungsgebers einer Ausfallverhütungsgarantie, dass die Zwangsvollstreckung des haftenden Grundstücks durchgeführt wurde und dadurch die Forderung des Sicherungsnehmers nicht oder nicht vollständig befriedigt wurde. Somit erfüllt eine Ausfallverhütungsgarantie die Voraussetzungen einer Ausfallbürgschaft.

Zusammenfassend kann also festgestellt werden:
Die Ausfallverhütungsgarantie ist eine akzessorische Sicherheit für die dingliche Forderung aus einer Hypothek oder Sicherungsgrundschuld. Da sie auch ansonsten keine einer Bürgschaft entgegenstehenden Merkmale aufweist, lässt sie sich rechtlich als Bürgschaft qualifizieren, und zwar als Ausfallbürgschaft.

D. Verhältnis der Forderung aus der Ausfallverhütungsgarantie zu der durch die Hypothek oder Grundschuld gesicherten Forderung

Stillschweig ging bei der Frage des akzessorischen Charakters sogar noch einen Schritt weiter. Er bejahte bei einer Hypothek nicht nur Akzessorietät zwischen der Forderung aus der Ausfallverhütungsgarantie und der Hypothek, sondern

135 MünchKomm (Habersack), § 765 Rn. 46.
136 BGH NJW 1989, 1855.

auch zwischen der Ausfallverhütungsgarantie und der durch die Hypothek gesicherten Forderung.[137]

Dieser Gedanke ist in der Tat bei einer Hypothek nicht ganz fernliegend. Denn wenn die Ausfallverhütungsgarantie akzessorisch zu der Hypothek, diese ihrerseits akzessorisch zu der durch sie gesicherten Forderung ist, so könnte man daraus folgern, dass die Ausfallverhütungsgarantie auch, vermittelt durch die Hypothek, akzessorisch zu der gesicherten Forderung sei.

Eine akzessorische Sicherung setzt aber, wie nachgewiesen,[138] gerade die Abhängigkeit in Entstehung und Bestand voraus, und in diesem Sinne ist die Ausfallverhütungsgarantie nicht akzessorisch zu der durch die Hypothek gesicherten Forderung. Durch die Ausfallverhütungsgarantie soll nach dem Willen der Vertragsparteien nur die Hypothek gesichert werden. Die dahinter stehende schuldrechtliche Forderung ist nicht Gegenstand dieses Vertrages.[139] Entsprechend dieser Interessenlage vereinbaren die Parteien eine akzessorische Sicherung der Hypothek. Aus dieser Akzessorietät zwischen der dinglichen Forderung aus der Hypothek und der Forderung aus der Ausfallverhütungsgarantie ergibt sich dann aber für den Fall, dass zwar eine rechtswirksame schuldrechtliche Forderung besteht, die Hypothek, die für diese Forderung bestellt wurde, aber rechtsunwirksam ist, die verbindende Wirkung der Hypothek zwischen der Ausfallverhütungsgarantie und der schuldrechtlichen Forderung entfällt.

Folglich besteht dann keine wirksame Verpflichtung des Sicherungsgebers der Ausfallverhütungsgarantie mehr. In diesem Sinne ist die Ausfallverhütungsgarantie in Entstehung und Bestand abhängig nur von der Hypothek. Entstehung und Bestand der gesicherten Forderung haben keine Bedeutung. Genau dies entspricht auch dem Zweck der Vereinbarung, der Sicherungsgeber wollte für den Wert der Hypothek bürgen; eine Gewähr für die Forderung sollte nicht übernommen werden.[140]

E. Formerfordernisse und notwendige Genehmigungen

I. Beachtung der Schriftform gemäß § 766 BGB

Als Bürgschaften unterliegen Ausfallverhütungsgarantien unmittelbar dem Formerfordernis des § 766 BGB, d.h. die Vereinbarung muss schriftlich er-

137 Stillschweig, Ausbietungsgarantie JW 1914, 334. Auch Eubel, S. 25 bejaht mit Einschränkungen eine Akzessorietät zwischen der Verpflichtung aus der Ausfallverhütungsgarantie und der Verpflichtung aus der durch die Hypothek gesicherten persönlichen Forderung.

138 Siehe oben, Seite 47 f.

139 Oben, Seite 49.

140 Dazu oben, Seite 48 f.

folgen. Die Frage, ob bei der gängigen Qualifizierung als Garantievertrag die Ablehnung des Schriftformerfordernisses haltbar ist[141] oder ob bei der vielfach betonten Nähe zur Bürgschaft[142] nicht § 766 BGB wenigstens analog anzuwenden wäre, stellt sich nicht.

II. Notwendigkeit der notariellen Beurkundung nach § 313 S.1 BGB

Die Notwendigkeit einer notariellen Beurkundung einer Ausfallverhütungsgarantie wird nach allgemeiner Ansicht grundsätzlich abgelehnt, da keine Verpflichtung zum Erwerb des Grundstücks bestehe.[143]

Ausreichend für die Beurkundungspflicht ist aber auch eine bedingte Erwerbspflicht.[144] Eine bedingte Erwerbspflicht, bei der die Bedingung die Durchführung der Zwangsversteigerung ist, ließe sich aber bei einer Betrachtung der wirtschaftlichen Situation möglicherweise bejahen. Es wurde bereits oben darauf hingewiesen, dass es für den Sicherungsgeber wirtschaftlich sinnvoll sein kann, ein eigenes Gebot in der Zwangsversteigerung des haftenden Grundstücks abzugeben.[145]

Insofern lässt sich zumindest eine Einschränkung der Entschlussfreiheit des Sicherungsgebers durch die Übernahme der Ausbietungsgarantie hin zu einem Erwerbszwang feststellen. Eine Tatsache, die auch der BGH bereits festgestellt hat.[146] Jedoch führte er sodann aus, dass nicht jedes Geschäft, dessen wirtschaftliche Folgen die Entschließungsfreiheit über den Erwerb von Grundstücken mittelbar erheblich beeinträchtigen können, der Formvorschrift des § 313 S. 1 BGB unterworfen sei. Entscheidend sei stets, ob ohne den Beurkundungszwang der Schutzzweck der Norm verfehlt werde.[147] Eine Verletzung dieses Schutzzweckes verneint der BGH bei der Nichtbeurkundung einer Ausfallverhütungsgarantie, da es für den Sicherungsgeber eine von Fall zu Fall zu entscheidende Frage der wirtschaftlichen Zweckmäßigkeit sei, ob es günstiger sei, den Sicherungsnehmer durch Geldleistung schadlos zu halten oder ob das

---

141 Hennings, S. 21; Droste MittRhNotK 1995, S. 43.

142 Steiner(Storz), § 66 Rn. 26; Hennings, S. 18; Oertmann DJZ 1919, 230; Kuth, S. 13; Pikalo, S. 20; Schröder, S. 25; Zangs, S. 8; Werkmeister, S. 12; Heiderhoff MittRhNotK 1966, 47.

143 Hennings, S. 21; Droste MittRhNotK 1995, 43 mit vielen weiteren Nachweisen.

144 Erman(Battes), § 313 Rn. 3; MünchKomm(Kanzleiter), § 313 Rn. 33 m.w.N. Dass auch bedingte Pflichten ausreichen, hat bereits das Reichsgericht festgestellt, vgl. etwa RG JW 1915, S. 193. Speziell für die Erwerbsverpflichtung OLG Celle NJW 1977, 52.

145 Oben, Seite 41 f.

146 BGH NJW-RR 1993, 14(15).

147 BGH NJW-RR 1993, 14(15). Allgemein zu der Frage, ob wirtschaftlicher Druck den Formzwang des § 313 S. 1 auslöse, siehe BGHZ 76, 43(46) = NJW 1980, 829 = MDR 1980, 482.

Risiko des Selbsterwerbs sinnvoll sei. Der Schutzzweck des § 313 S. 1 BGB gebiete es aber nicht, das Risiko unternehmerischer Entscheidungen zu begrenzen.[148]

Das Ergebnis dieser Entscheidung, die Ablehnung des Formzwanges, ist richtig. Die Begründung ist allerdings nicht ganz treffend.[149] Das unternehmerische Risiko bezüglich der Entscheidung, das Grundstück zu erwerben oder nicht, würde durch den Formzwang gar nicht begrenzt. In dem Moment, wo es zur Zwangsversteigerung kommt, liegt die Entscheidung nach wie vor beim Sicherungsgeber, sei die Ausfallverhütungsgarantie nun notariell beurkundet oder nicht.

Entscheidend ist vielmehr die Situation zum Zeitpunkt des Vertragsschlusses. Sinn und Zweck des § 313 S. 1 BGB ist es vor allem, vor dem Eingehen von übereilten Verpflichtungen zu schützen.[150] Maßgeblich muss also die Frage sein, ob zum Zeitpunkt des Vertragsschlusses ein (bedingter) Erwerbszwang vorliegt, d.h. ob der Sicherungsgeber eine Verpflichtung zum Eigentumserwerb eingeht. Wie sich die wirtschaftliche Güte des Grundstücks bei einer späteren Zwangsversteigerung darstellt, hängt aber von einer Reihe außerhalb des Vertrages liegender Umstände ab. Zu nennen sind vor allem die allgemeine wirtschaftliche Entwicklung und die Entwicklung des Grundstücksmarktes. Der enge Wortlaut des § 313 S. 1 BGB fordert als tatbestandliche Voraussetzung aber eine Vereinbarung, die auf die Verpflichtung zur Änderung der Eigentumszuordnung gerichtet ist.[151] Es würde den Wortlaut überdehnen, wenn man darunter jede Vereinbarung erfasste, die das wirtschaftliche Risiko in sich trägt, dass ein Eigentumserwerb notwendig wird. Zumindest müsste ein solcher überwiegend wahrscheinlich sein. Aufgrund der unsicheren äußeren Einflüsse lässt sich dies bei einer Ausfallverhütungsgarantie grundsätzlich nicht sagen.

Eine andere Beurteilung könnte allerdings für die Fälle geboten sein, bei denen die Zwangsversteigerung unmittelbar bevorsteht[152] oder bereits beantragt ist. Hier wird der Sicherungsgeber die Garantie nur übernehmen, wenn er ein Interesse am Erwerb des haftenden Grundstücks hat. In einer derartigen Situation soll schließlich nicht, wie sonst bei Abschluss einer Ausfallverhütungsgarantie, die Gewährung eines Darlehens an einen Dritten

---

148 BGH NJW-RR 1993, 14(15).

149 Auch Droste MittRhNotK 1995, 44 zweifelt an der gegebenen Begründung.

150 Protokolle, S. 471 bzgl. der Veräußerungsverpflichtung. Die Grundsätze für die Veräußerungsverpflichtung gelten nach der Änderung der Norm in gleicher Weise für die Erwerbsverpflichtung, BT Drucks 7/63, 6. Siehe dazu auch Palandt(Heinrichs), § 313 Rn. 2; Staudinger(Wufka), § 313 Rn. 3.

151 Staudinger(Wufka), § 313 Rn. 4.

152 Eine unmittelbar bevorstehende Zwangsversteigerung ist anzunehmen, wenn die durch die Hypothek oder Grundschuld gesicherte Forderung bereits notleidend geworden ist.

ermöglicht werden. Vielmehr ist ein gewährtes Darlehen bereits notleidend geworden. Die Tatsache, dass der Sicherungsgeber den Erwerb des haftenden Grundstücks anstrebt, könnte dazu führen, dass sich in diesen Fällen auch eine bedingte Erwerbsverpflichtung bejahen lässt.

Recht naheliegend ist die Überlegung, dass jedenfalls dann eine Beurkundungspflicht nach § 313 S. 1 BGB besteht, wenn der Abschluss einer Ausfallverhütungsgarantie in einem solchen Fall nur gewählt wird, um das Formerfordernis bei einer strengen Ausbietungsgarantie zu umgehen.[153]
So formuliert deutet diese Aussage den entscheidenden Gesichtspunkt jedoch lediglich an. Die eingegangene Verpflichtung ist bei der strengen Ausbietungsgarantie eine andere als bei der Ausfallverhütungsgarantie. Eben wegen der Verpflichtung zur Abgabe eines Gebotes in der Zwangsversteigerung, die eine bedingte Erwerbsverpflichtung darstellt,[154] lässt sich dort der Tatbestand des § 313 S. 1 BGB bejahen.[155] Eine derartige Verpflichtung besteht bei der Ausfallverhütungsgarantie auch dann nicht, wenn die Vertragsparteien diese Form nur gewählt haben, um das Formerfordernis der notariellen Beurkundung zu umgehen. Geschuldet wird weiterhin lediglich der Ersatz des Ausfalles. Auf die Umgehung kann es also nicht ankommen.

Es ist jedoch bereits eingangs die von der langfristig ausgerichteten Ausfallverhütungsgarantie abweichende wirtschaftliche Interessenlage bei einer kurzfristig ausgerichteten Ausfallverhütungsgarantie beschrieben worden. Im Gegensatz zu der eben[156] dargestellten Risikolage bei einer langfristig ausgerichteten Ausfallverhütungsgarantie ist der Sicherungsgeber hier bereit, für den Erwerb des Grundstücks den in der Ausfallverhütungsgarantie genannten Betrag aufzuwenden. Anderenfalls hätte die Übernahme der Ausfallverhütungsgarantie auch keinen Sinn. Es soll mit dem geschlossenen Vertrag schließlich nicht die Gewährung eines Darlehens an einen Dritten ermöglicht werden. Der Sicherungsgeber übernimmt die Bürgschaft hier vielmehr deshalb, weil er ein echtes Interesse am Erwerb des haftenden Grundstücks hat. Motiv für die Übernahme der Verpflichtung wird es aus Sicht des Sicherungsgebers sein, dass der Sicherungsnehmer ihm gegenüber bestimmte den Erwerb des

---

153 Droste MittRhNotK 1995, 43. Zur Notwendigkeit der notariellen Beurkundung einer strengen Ausbietungsgarantie unten Seite 109 ff.

154 So zumindest die Lösung der h.M. Dazu unten Seite 109 f.

155 Ganz h.M. Siehe etwa: BGH Rpfleger 1983, 81; OLG Celle NJW 1977, 52; OLG Celle NJW-RR 1991, 866 = WM 1991, 1296 = DNotZ 1992, 302; Hennings, S. 36; MünchKomm(Kanzleiter), § 313 Rn. 17; P. Horn WM 1974, 1031; Steiner(Storz), § 66 Rn. 32. Näher zu der Frage, ob sich eine Beurkundungspflicht bei der strengen Ausbietungsgarantie tatsächlich bejahen lässt, unten auf den Seiten 110 ff.

156 Seite 58 f.

Grundstücks erleichternde Zusagen abgibt. Denkbar ist etwa, dass er dem Sicherungsgeber einen günstigeren Zinssatz für den zur Finanzierung notwendigen Realkredit anbietet. Beide Vertragsparteien gehen folglich davon aus, dass der Sicherungsgeber durch die Abgabe eines entsprechenden Gebotes in der Zwangsversteigerung das Grundstück auch tatsächlich erwerben wird. Anderenfalls hätte der Sicherungsgeber eine Verpflichtung übernommen, die wirtschaftlich völlig sinnlos ist. Schließlich ist das mit einer langfristig ausgerichteten Ausfallverhütungsgarantie verfolgte Ziel – die Gewährung eines Darlehens an einen Dritten – bei einer kurzfristig ausgerichteten Ausfallverhütungsgarantie ohne Bedeutung. Das haftende Grundstück steht schließlich bereits vor der Zwangsversteigerung. Aus dieser Interessenlage folgt, dass bei der kurzfristigen Ausrichtung der Ausfallverhütungsgarantie der wirtschaftliche Zwang zum Erwerb regelmäßig so stark sein wird, dass es zur Abgabe eines Gebotes in der Zwangsversteigerung wirtschaftlich keine Alternative mehr gibt. Gibt der Sicherungsgeber nämlich nach der Übernahme der Verpflichtung kein Gebot ab, so ist er unmittelbar zur Zahlung des gesicherten Betrages an den Sicherungsnehmer verpflichtet, ohne durch diese Verpflichtung einem anderen Zweck als der Sicherung des Sicherungsnehmers gedient zu haben.

Die kurzfristig ausgerichtete Ausfallverhütungsgarantie kann daher aus Sicht des Sicherungsgebers nur sinnvoll sein, wenn er das Grundstück auch tatsächlich erwirbt. Die bei der langfristig ausgerichteten Ausfallverhütungsgarantie angestellte Überlegung, dass es eine gar nicht voraussehbare Frage der wirtschaftlichen Zweckmäßigkeit sei, ob es für den Sicherungsgeber besser sein wird, in der Zwangsversteigerung ein Gebot abzugeben oder nicht, trifft hier also nicht zu. Wirtschaftlich sinnvoll ist nur die Abgabe eines Gebotes. Folglich liegt in einem solchen Fall eine bedingte Erwerbsverpflichtung vor, und die Form des § 313 S. 1 BGB ist zu beachten.

III. Vormundschaftsgerichtliche Genehmigung nach §§ 1822 Nr.10, 1643 Abs. 1 BGB

Durch den Bürgschaftscharakter der Ausfallverhütungsgarantie folgt unmittelbar aus §§ 1822 Nr. 10, 1643 Abs. 1 BGB die Notwendigkeit der vormundschaftsgerichtlichen Genehmigung, wenn für ein minderjähriges Kind durch den gesetzlichen Vertreter eine Ausfallverhütungsgarantie abgegeben wird. Da aber der Bürgschaftscharakter der Vereinbarung geleugnet wird, wird in der Literatur das Gegenteil behauptet.[157]

157 Droste MittRhNotK 1995, 54; Muth, Zwangsversteigerungspraxis, S. 90; ein angesichts des Sinn und Zwecks dieser Vorschriften auch bei dem Verständnis über die Rechtsnatur der Ausfallverhütungsgarantie als nicht-akzessorischer Sicherheit zweifelhaftes Ergebnis.

F. Bilanzierung

Sofern die Ausfallverhütungsgarantie von einem Unternehmen übernommen wurde, stellt sich die Frage nach einer Ausweisung in der Unternehmensbilanz. Bei einer auf den Vorschriften des HGB beruhenden Bilanzierung sind nach § 251 HGB bestimmte Eventualverbindlichkeiten, unter anderem Bürgschaften, in einer Unternehmensbilanz zu vermerken. Die Ausfallverhütungsgarantie weist für den Sicherungsgeber das gleiche Risiko wie jede andere Bürgschaft aus. Sofern der Sicherungsnehmer durch die Hauptforderung nicht befriedigt werden kann, muss der Bürge haften. Dass der Sicherungsgeber bei einer Ausfallverhütungsgarantie für eine dingliche Verbindlichkeit haftet, deren Haftung auf das besicherte Grundstück beschränkt ist, rechtfertigt keine andere Beurteilung. Schließlich lässt sich das konkrete Haftungsrisiko für den Sicherungsgeber dadurch ebenso wenig abschließend beurteilen, wie das Haftungsrisiko jedes anderen Bürgen. Folglich ist die Ausfallverhütungsgarantie vermerkpflichtig i.S.des § 251 BGB.[158]

G. Wechsel von Gläubiger und Schuldner

I. Abtretung des gesicherten Rechtes

Sofern der Gläubiger des gesicherten Rechtes dieses an einen Dritten abtritt, stellt sich die Frage, welche Folgen dies für die Ausfallverhütungsgarantie hat. Ebenso wie bereits das Reichsgericht[159] lehnt auch die Literatur die Anwendung des § 401 BGB bis heute strikt ab.[160] Dies gründet darauf, dass die Verträge als Garantien verstanden werden.[161] Eine Garantie lässt sich nicht als Nebenrecht i.S.des § 401 BGB erfassen.[162]

Demgegenüber ist hier festzuhalten, dass § 401 BGB für Ausfallverhütungsgarantien, die richtigerweise als Bürgschaften zu qualifizieren sind, ohne Einschränkung Anwendung finden kann. Dies bedeutet, dass bei einer Abtretung des gesicherten Rechtes, also der Hypothek oder Grundschuld, der Zessionar Gläubiger des Anspruches aus der Ausfallverhütungsgarantie wird. Eine wirtschaftlich auch sinnvolle Regelung, denn der neue Gläubiger trägt nach der Übertragung des Rechtes an dem Grundstück auch das Risiko eines Ausfalles.

Im Rahmen der Vertragsfreiheit ist es den Parteien der Ausfallverhütungsgarantie allerdings selbstverständlich unbenommen, eine andere Regelung zu

---

158 Im Ergebnis ebenso: Beck'scher Bilanzkommentar(Ellrott), § 251 HGB Rn. 44; ADS, § 251 HGB, Rn. 91; Herfurth WPg 1977, 351.

159 RGZ 60, 369(371).

160 Hennings, S. 27; Droste MittRhNotK 1995, S. 49. Aus der älteren Literatur: Kuth, S. 17; Werkmeister, S. 31.

161 Siehe oben, Seite 30.

162 RGRK(Mormann), Vor § 765 Rn. 5; MünchKomm(Habersack), Vor § 765 Rn. 18.

treffen. Gleiches gilt für einen Ausschluss des Übergangs der Forderung aus der Ausfallverhütungsgarantie durch eine entsprechende Vereinbarung zwischen Zedent und Zessionar.

II. Wechsel des Eigentümers bei dem haftenden Grundstück

Zweifelhaft ist auch das Schicksal der Ausfallverhütungsgarantie, wenn das Grundstück einen neuen Eigentümer erhält.[163] Es stellt sich dann die Frage, ob dadurch die Verpflichtung aus der Ausfallverhütungsgarantie untergeht.

Denkbar wäre eine Anwendung des § 418 Abs. 1 S. 1 BGB, der zu einem Erlöschen von Bürgschaften im Falle einer rechtsgeschäftlichen Schuldübernahme führt. Diese Vorschrift bezieht sich nach ihrem eindeutigen Wortlaut allerdings auf Sicherheiten, die für eine übertragene schuldrechtliche Forderung gestellt wurden. Der § 418 Abs. 1 S. 1 BGB trägt dabei dem Umstand Rechnung, dass die Person des Hauptschuldners und ihre wirtschaftliche Leistungsfähigkeit bei einer Bürgschaft für eine schuldrechtliche Verpflichtung eine maßgebliche Bedeutung für den Bürgen hat, dass ein Wechsel des Hauptschuldners ihm unzumutbar ist. Der Bürge will sich nur für den von ihm bestimmten Hauptschuldner verbürgen.[164]

Schließlich hängt es bei einer Bürgschaft für eine obligatorische Verbindlichkeit ausschließlich von der Leistungsfähigkeit des Hauptschuldners ab, ob und in welcher Höhe der Bürge gegebenenfalls in Anspruch genommen wird.

Um zu einer analogen Anwendung des § 418 Abs. 1 Abs. 1 BGB kommen zu können, müsste die Person des Eigentümers für den Sicherungsgeber bei der Ausfallverhütungsgarantie folglich eine zumindest ähnlich hohe Bedeutung haben. Die Haftung des Eigentümers ist jedoch auf die Zahlung aus dem Grundstück beschränkt.[165] Entscheidend ist folglich der wirtschaftliche Wert des Grundstücks selbst. Dieser und nicht die Solvenz des Schuldners bestimmt das Risiko des Bürgen.

Nun ließe sich entgegenhalten, dass dies nur die Frage betreffe, wie groß das Risiko des Bürgen ist, nach einer durchgeführten Zwangsversteigerung haften zu müssen. Eine davor zu stellende Frage ist, wie groß das Risiko ist, dass es überhaupt zu einer Zwangsversteigerung kommt. Allerdings bestimmt sich dieses Risiko danach, ob der Schuldner der durch die Hypothek oder Grundschuld gesicherten Forderung seine Verpflichtung erfüllt oder nicht. Der Eigentümer

---

163 Es geht an dieser Stelle zunächst einmal nur um einen Wechsel des Eigentümers des haftenden Grundstücks, nicht etwa auch um den Wechsel des Schuldners der durch die Hypothek oder Sicherungsgrundschuld gesicherten Forderung.

164 Motive II, S. 147.

165 Siehe dazu oben, Seite 35 f.

als Schuldner des durch die Ausfallverhütungsgarantie gesicherten Rechtes hat darauf keinen Einfluss. Maßgeblich kann folglich allenfalls eine Änderung in der Person des Schuldners der persönlichen Forderung sein,[166] nicht aber eine Änderung der Person des Schuldners der Hypothek oder Grundschuld, also des Eigentümers des haftenden Grundstücks. Die wirtschaftliche Leistungsfähigkeit des Eigentümers ist für den Sicherungsgeber ohne Bedeutung.

Auch wenn er und der persönliche Schuldner identisch sind, ändert dies nichts. In seiner Eigentümerstellung bleibt die Haftung schließlich auf das Grundstück beschränkt. Eine mit § 418 Abs. 1 BGB vergleichbare Interessenlage fehlt also. Die analoge Anwendung der Norm kommt nicht in Betracht. Eine Anwendbarkeit der Regelung des § 418 Abs. 1 BGB kann sich nur bei der Änderung der Person des Schuldners der durch die Hypothek oder Grundschuld gesicherten persönlichen Forderung stellen, nicht bei einem Eigentümerwechsel bei dem haftenden Grundstück.

III. Übernahme der durch die Hypothek oder Grundschuld gesicherten Forderung durch einen neuen Schuldner

Bei dem Wechsel in der Person des Schuldners der hinter der Hypothek oder Grundschuld stehenden persönlichen Forderung stellt sich die Frage nach der Anwendbarkeit der Regelung des § 418 Abs. 1 BGB dann aber umso eindringlicher.

Bedeutung erlangt diese Frage vor allem für den Regelungsbereich des § 416 BGB. Verkauft der bisherige Eigentümer sein Grundstück und übernimmt der neue Eigentümer unter Zustimmung des Gläubigers der persönlichen Forderung gemäß §§ 416 Abs. 1, 415 Abs. 1 BGB diese persönliche Forderung, so wirft dies eben die Frage auf, ob diese Änderung des persönlichen Schuldners Auswirkungen auf die Ausfallverhütungsgarantie hat. Dies hat erhebliche praktische Bedeutung für die Veräußerung des Grundstücks unter Anrechnung der Hypothek oder Grundschuld auf den Kaufpreis.

Zunächst ist jedoch noch einmal darauf hinzuweisen, dass eine direkte Anwendung des § 418 Abs. 1 BGB nicht möglich ist. Diese Norm bezieht sich, wie bereits festgestellt, nach ihrem eindeutigen Wortlaut auf Sicherheiten, die für eine übertragene schuldrechtliche Forderung gestellt wurden. Sicherheiten für eine dingliche Forderung werden nicht angesprochen. Die Ausfallverhütungsgarantie ist aber – wie nachgewiesen – nicht, und zwar auch nicht mittelbar, zugunsten der persönlichen Forderung abgegeben worden, sondern nur zugunsten der diese persönliche Forderung sichernden Hypothek oder Sicherungsgrundschuld. Insofern ist also die tatbestandliche Voraussetzung der Bürgschaft erfüllt, nicht jedoch die Voraussetzung der Bürgschaft für eine

166 Dazu sogleich.

schuldrechtliche Forderung. Bürgschaften für eine dingliche Zahlungsverpflichtung werden von § 418 Abs. 1 BGB aber nicht erfasst.

Bevor die Frage erörtert werden kann, ob eine analoge Anwendung der Norm in Betracht gezogen werden kann, muss man sich zudem einen weiteren Gesichtspunkt vor Augen führen. Bei dem durch § 418 Abs. 1 S. 1 BGB geregelten Fall wechselt der Schuldner der verbürgten Verpflichtung. In dem beschriebenen Fall ist der maßgebliche Gesichtspunkt aber nicht der Wechsel der Eigentumslage bei dem haftenden Grundstück,[167] sondern der Wechsel des Schuldners bei der hinter der Hypothek oder Sicherungsgrundschuld stehenden persönlichen Forderung.

Damit stellt sich zusätzlich noch das Problem, ob eine solche Forderung, für die eigentlich gar nicht gehaftet wird, überhaupt für die Frage eines Unterganges der Verpflichtung maßgeblich sein kann. Dass der Gesetzgeber diese Frage nicht planmäßig aus dem Bereich des § 418 Abs. 1 S. 1 BGB ausgeklammert hat, ist angesichts der Tatsache, dass Bürgschaften für dingliche Forderungen bis heute kaum erörtert werden, wohl unzweifelhaft. Maßgeblich muss also sein, ob der Fall des Wechsels des Schuldners einer hinter einer verbürgten Hypothek oder Sicherungsgrundschuld stehenden Forderung die gleiche Interessenlage aufweist wie der Fall des Wechsels des Schuldners einer unmittelbar durch eine Bürgschaft gesicherten schuldrechtlichen Verbindlichkeit. Soweit diese Frage bei der Ausfallverhütungsgarantie erörtert wird, wird dies zumeist verneint.[168]

Wenn dafür allerdings angeführt wird, dass für die Übernahme der Verpflichtung die Person des Schuldners *häufig*[169] keine entscheidende Rolle spiele, sondern der Wert des Grundstücks oder sonstige Interessen im Vordergrund stünden,[170] weckt diese Argumentation bereits durch ihre Einschränkung Zweifel. Abgesehen davon, dass gar nicht darauf eingegangen wird, wie denn Fälle zu beurteilen sind, bei denen die Person des Schuldners doch eine entscheidende Rolle für die Übernahme der Verpflichtung spielte, drängt diese Formulierung dazu, die ganze Überlegung zu hinterfragen.

Die Argumentation mit der unterschiedlichen Bedeutung der Person des Schuldners war bereits an anderer Stelle verwandt worden.[171] Sofern damit ausgesagt werden soll, dass die Person als solche keine Rolle spiele, ist diese

167 Dass dies die Anwendung des § 418 Abs. 1 Abs. 1 BGB nicht rechtfertigt, wurde im vorangehenden Absatz dargelegt.

168 Werkmeister, S. 34; Sichtermann/Hennings[5], S. 26 (zumindest missverständlich aber Hennings in der 6. Auflage, S. 28); Droste MittRhNotK 1995, 49.

169 Hervorhebung durch Verfasser.

170 Droste MittRhNotK 1995, 49; Sichtermann/Hennings[5], S. 26.

171 Siehe oben, Seite 51 f.

Argumentation hier ebenso unzutreffend wie dort. Grundsätzlich wird es immer das Interesse des Sicherungsgebers an der Darlehensgewährung an die konkrete Person sein, die ihn dazu veranlasst, eine Ausfallverhütungsgarantie zu übernehmen.[172] Dass die Person des Hauptschuldners ohne Bedeutung für den Abschluss des Sicherungsvertrages sei, ist also derart absolut formuliert nicht richtig.

Richtig an der Überlegung über die Bedeutung der Person des Hauptschuldners ist aber, dass § 418 Abs. 1 S. 1 BGB der besonderen Bedeutung der wirtschaftlichen Leistungsfähigkeit des Hauptschuldner für die Gefahr einer Haftung des Bürgen Rechnung trägt. Eben wegen dieser Bedeutung ist dem Bürgen ein Wechsel des Hauptschuldners unzumutbar.[173]

An einer vergleichbaren Interessenlage des Sicherungsgebers einer Ausfallverhütungsgarantie bei einem Wechsel in der Person des Schuldners bei der hinter dem gesicherten Recht stehenden persönlichen Forderung lässt sich jedoch zweifeln. Der Sicherungsgeber bürgt bei einer Ausfallverhütungsgarantie ausschließlich für die Verpflichtung aus der Hypothek oder Grundschuld. Ob er daraus tatsächlich in Anspruch genommen wird, hängt zwar mittelbar auch von der Leistungsfähigkeit des Schuldners ab, für dessen Verpflichtung eben diese Hypothek oder Grundschuld bestellt wurde. Für diese Verpflichtung hat sich der Sicherungsgeber aber nicht verbürgt. Schuldner des durch die Ausfallverhütungsgarantie gesicherten dinglichen Anspruches ist vielmehr der Eigentümer des haftenden Grundstücks. Ob dieser seine Verpflichtung im Falle einer Zwangsversteigerung erfüllen kann oder nicht, hängt von dem in dieser Zwangsversteigerung zu realisierenden Wert des Grundstücks ab.

Die Leistungsfähigkeit des Schuldners der persönlichen Forderung ist demnach zumindest nicht ausschließlich maßgeblich für die Frage, ob der Sicherungsgeber tatsächlich haften muss oder nicht. Entscheidend dafür ist in erheblichem Maße auch die Wertigkeit der gesicherten Hypothek oder Grundschuld, und diese bestimmt sich nach dem Wert des haftenden Grundstücks. Dagegen kommt es für die Wahrscheinlichkeit einer tatsächlichen Haftung bei dem durch § 418 Abs. 1 S. 1 BGB geregelten Fall ausschließlich auf die Leistungsfähigkeit des Hauptschuldners an. Bei der Verpflichtung aus einer Ausfallverhütungsgarantie hat die Person des Schuldners demnach nicht die ausschließliche Bedeutung für den Sicherungsgeber wie bei dem durch § 418 Abs. 1 S. 1 BGB geregelten Fall. Eine analoge Anwendung des § 418 Abs. 1 S. 1 BGB auf die Fälle der Ausfallverhütungsgarantie kommt daher nicht in Betracht.

---

172 Näher dazu oben, Seite 52.

173 Dazu oben, Seite 63.

Damit erlischt die Verpflichtung aus der Ausfallverhütungsgarantie auch dann nicht, wenn es zu einem Wechsel des persönlichen Schuldners der durch die Hypothek oder Grundschuld gesicherten Forderung kommt.

H. Der Umfang der Verpflichtung und ihr möglicher Wegfall

Neben der Frage nach der Auswirkung einer etwaigen Personenänderung auf Gläubiger oder Eigentümerseite auf die Verpflichtung aus der Ausfallverhütungsgarantie sind auch Fallkonstellationen denkbar, die Auswirkungen auf den konkreten Haftungsumfang haben.

I. Anwendbarkeit der §§ 249 ff. BGB

Ganz allgemein fragt es sich dabei, ob bei der Bestimmung der Höhe der tatsächlichen Verpflichtung des Sicherungsgebers nach der durchgeführten Zwangsversteigerung die §§ 249 ff. BGB heranzuziehen sind. Dabei ist zu beachten, dass der Anspruch aus einer Bürgschaft einen vertraglichen Erfüllungsanspruch darstellt[174] und dass der Anspruch aus der Bürgschaft akzessorisch zu dem gesicherten dinglichen Anspruch ist.

Fraglich ist also zunächst, ob für einen derartigen Anspruch die Regeln über den Umfang eines Schadenersatzanspruches gemäß §§ 249 ff. BGB (direkt oder analog) angewandt werden können. Besondere Bedeutung hat dies vor allem für eine mögliche Anwendbarkeit des § 254 BGB bei einem Mitverschulden des Sicherungsnehmers am entstandenen Ausfall und für die Anwendbarkeit der Regeln über die Vorteilsausgleichung, die bei der Berechnung des Schadenumfanges gemäß den §§ 249 ff. BGB zu berücksichtigen sind.[175]

§ 254 BGB kann dann maßgeblich werden, wenn der Sicherungsnehmer nach Fälligkeit der Hypothek oder Grundschuld die Zwangsversteigerung nicht unmittelbar, sondern erst nach einiger Zeit betreibt und dies zu einem höheren Ausfall führt.

Praktisch weitaus bedeutsamer ist die Frage nach der Anwendbarkeit der Regeln über die Vorteilsausgleichung. Die Vorteilsausgleichung verlangt, dass der Geschädigte gewisse Vorteile, die ihm im Zusammenhang mit dem schädigenden Ereignis zugeflossen sind, in die Schadensberechnung einbeziehen muss.[176] Dies kann dann Bedeutung erlangen, wenn der Sicherungsnehmer das Grundstück in der Zwangsversteigerung selbst ersteigert. Deckt sein Gebot in

---

174 Näher dazu etwa Staudinger(Horn), Vorbem. zu §§ 765 ff., Rn. 1.

175 Staudinger(Schiemann), § 249 Rn. 132; Palandt(Heinrichs), Vorbem. v. § 249 Rn 119 ff., MünchKomm(Grunsky), Vor § 249 Rn. 93 ff.

176 Fikentscher, Rn. 562; eingehend zur Vorteilsausgleichung: Lange JuS 1978, 649 ff.

einem solchen Fall die seiner Hypothek oder Grundschuld vorangehenden Rechte ab, ohne dass auch seine Hypothek oder Grundschuld durch das Gebot gedeckt ist, und liegt der festgesetzte Verkehrswert des Grundstücks über dem abgegebenen Gebot, so fragt es sich, ob er sich den Wert des Grundstücks als zu berücksichtigenden Vorteil bei seiner Forderung gegen den Sicherungsgeber anrechnen lassen muss.[177]

Bei der (hier abgelehnten) Annahme eines Garantievertrages wird die Anwendbarkeit der §§ 249 ff. BGB gleichfalls untersucht. Zwar wird auch dabei festgestellt, dass der Anspruch aus dem zwischen Sicherungsnehmer und Sicherungsgeber geschlossenen Vertrag ein Erfüllungsanspruch sei.[178] Im Gegensatz zu der grundsätzlichen Überlegung, dass weder § 254 BGB[179] noch die Regeln über die Vorteilsausgleichung für Erfüllungsansprüche Geltung beanspruchen könnten,[180] wird eine Anwendbarkeit dieser Normen für den Anspruch aus der Ausfallverhütungsgarantie aber bejaht.[181] Begründet wird dies damit, dass dieser konkrete Erfüllungsanspruch als Gegenstand einen Schadenersatzanspruch habe.[182] Schadenersatz sei also demnach die primäre Leistungspflicht des Schuldners. Daran schließt sich die Überlegung an, dass die §§ 249 ff. BGB auch für primäre Schadenersatzansprüche Anwendung finden müssten, da diese einem sekundären Schadenersatzanspruch weitgehend glichen.[183]

An dieser Argumentation ließe sich bereits zweifeln, da der den §§ 249 ff. BGB zugrunde liegende Gedanke der Naturalrestitution zumeist gar nicht auf einen primären Schadenersatzanspruch passt. Denn der primäre Schadenersatzanspruch ist von vornherein auf eine Entschädigung gerichtet. Zudem setzen sekundäre Schadenersatzansprüche stets ein Handeln oder Unterlassen des Schuldners voraus, das zu dem konkreten Schaden geführt hat. Bei einem primären Schadenersatzanspruch kommt es darauf aber nicht an.[184]

Jedoch stellt sich bei der hier vertretenen Auffassung von der Ausfallverhütungsgarantie als Bürgschaft bereits die grundsätzliche Frage, ob die

177 Dies könnte etwa bei einem Verkehrswert von 150.000 DM und einem die vorangehenden Rechte deckenden Gebot von 100.000 DM dazu führen, dass ein Vorteil von 50.000 angerechnet werden müsste.

178 Zangs, S. 7; Hennings, S. 20; Droste MittRhNotK 1995, 45.

179 RGZ 141, 287(290); BGHZ 25, 300(310); BGH NJW 1967, 250; 1986, 2104(2106); Palandt(Heinrichs), § 254 Rn. 8; Soergel(Mertens), § 254 Rn. 14; Erman(Kuckuck), § 254 Rn. 19.

180 RGZ 80, 153(155); BGH BB 92, 1162; Soergel(Mertens), Vor § 249 Rn. 246.

181 Kuth, S. 37 f.; Zangs, S. 17; Droste MittRhNotK 1995, 45; Hennings, S. 20.

182 Zangs, S. 7.

183 Droste MittRhNotK 1995, 45; Hennings, S. 20.

184 Ablehnend zur Anwendung der §§ 249 ff. BGB für primäre Schadenersatzansprüche aus diesem Grund: Boetius, S. 28.

Regelungen über die Schadensbestimmung überhaupt auf einen akzessorischen Anspruch passen. Durch die Akzessorietät besteht schließlich eine besondere Verbindung zwischen der Forderung aus dem Bürgschaftsvertrag und der gesicherten Forderung. Der Bürge erbringt eine (eigene) Ersatzleistung für die unterlassene Leistung des Hauptschuldners.[185] Demgegenüber hat der – nichtakzessorisch haftende – Garant unabhängig von einer vertraglichen Leistungspflicht des Hauptschuldners zu leisten.

Die Schuld des Bürgen richtet sich also, auch in ihrem Umfang, immer nach der Schuld des Hauptschuldners.[186] Die Akzessorietät macht die Haftung des Bürgen von der Haftung des Hauptschuldners abhängig. Dies beschränkt die Haftung des Bürgen zwar einerseits, gleicht auf der anderen Seite beide Ansprüche in ihrem Umfang und ihrer Durchsetzbarkeit aber grundsätzlich auch einander an.

Zwar können die Vertragsparteien die Höhe der Verpflichtung des Bürgen auf einen Teil der Verpflichtung des Hauptschuldners begrenzen.[187] Die §§ 249 ff. BGB nehmen jedoch nicht Bezug auf eine vertragliche Beschränkung, sondern sind eine eigenständige, von einer etwaigen vertraglichen Vereinbarung unabhängige, Grundlage für die Bestimmung des Umfanges eines Anspruches. Bei einer akzessorischen Verpflichtung ist aber kein Raum für eine eigenständige Bestimmung des Umfanges der sichernden Verpflichtung. Bei einer Bürgschaft verbietet sich folglich jegliche Anwendung der Regelung über den Schadensumfang und zwar unabhängig von der Frage, ob diese Regeln überhaupt auf Erfüllungsansprüche passen.[188]

Damit ist natürlich nicht gesagt, dass ein etwaiges Verschulden des Sicherungsnehmers am Ausfall unbeachtlich wäre und ein erlangter Vorteil nicht angerechnet werden kann.

Der Weg, dies über die §§ 249 ff. BGB zu begründen, ist jedoch dogmatisch unhaltbar, da eine Bestimmung der Höhe der Bürgschaftsschuld nach der Höhe der Hauptschuld zu erfolgen hat.

---

185 Kleiner, S. 71.

186 Siehe dazu oben, Seite 46 f.

187 Siehe oben, Seite 47.

188 Bejahend bezüglich der grundsätzlichen Möglichkeit der analogen Anwendbarkeit des § 254 BGB in jüngerer Zeit: Peters JZ 1995, 754 ff.

II. Berücksichtigung eines Verschuldens des Sicherungsnehmers am eingetretenen Ausfall aufgrund der getroffenen Vereinbarung

1. Nichtbetreiben der Zwangsversteigerung trotz Fälligkeit der gesicherten Hypothek oder Grundschuld

Möglicherweise ergibt jedoch die vertragliche Vereinbarung einen Anknüpfungspunkt für die Berücksichtigung eines Verschuldens des Sicherungsnehmers am eingetretenen Ausfall. Häufiger erörtert[189] wird diese Frage für den Fall, dass der Sicherungsnehmer trotz Fälligkeit der gesicherten Hypothek oder Grundschuld die Zwangsversteigerung des haftenden Grundstücks nicht betreibt.

Allerdings wird bei der Untersuchung dieser Frage nicht danach unterschieden, wie es zur Fälligkeit der Hypothek oder Grundschuld kommt. Zu unterscheiden sind jedoch die Fälle, bei denen die Grundschuld von vornherein jederzeit fällig ist[190], und die Fälle, bei denen die Fälligkeit der Hypothek oder Grundschuld durch eine Kündigung i.S.der § 1141 Abs. 1 S. 1 BGB bzw. § 1193 Abs. 1 S. 1 BGB herbeigeführt wurde. Nur letztere Konstellation kann hier Bedeutung haben, da im Falle der jederzeitigen Fälligkeit einer Grundschuld ein Anknüpfungspunkt für ein Verschulden des Sicherungsnehmers am Ausfall allenfalls bei einem Nichtbetreiben der Zwangsvollstreckung trotz Fälligkeit der persönlichen Forderung gesehen werden kann.[191] Schließlich kann er die Fälligkeit der Grundschuld nicht herbeigeführt haben.

Ist die Fälligkeit jedoch durch Kündigung der Hypothek oder Grundschuld hergestellt worden, so fragt es sich in der Tat, welche Auswirkungen es für die Verpflichtung des Sicherungsgebers der Ausfallverhütungsgarantie hat, wenn der Gläubiger die Zwangsvollstreckung des haftenden Grundstücks nicht betreibt.

Fehlt es an einer Regelung dieser Frage, so lässt sich möglicherweise dennoch aus dem Vertrag und seiner rechtlichen Qualifizierung eine Lösung für dieses Problem finden. Es sei hier noch einmal auf den Wortlaut der entsprechen Verträge verwiesen:

> *„Der Sicherungsgeber übernimmt gegenüber dem Sicherungsnehmer die Gewähr dafür, dass in der Zwangsversteigerung des belasteten Grundstücks kein Ausfall an Kapital, Zinsen, Nebenleistungen oder Kosten entsteht."*

189 Droste MittRhNotK 1995, 48; Hennings, S. 25; Werkmeister, S. 29; Stillschweig, Ausbietungsgarantie JW 1914, 338.

190 Die Zulässigkeit einer derartigen sofortigen Fälligkeit einer Grundschuld ergibt sich aus § 1193 Abs. 2 BGB.

191 Eine Frage, die allerdings bisher gar nicht beleuchtet wurde. Hierzu sogleich.

Diese Vereinbarung war oben[192] als Ausfallbürgschaft qualifiziert worden. Die höchstrichterliche Rechtsprechung bejaht bei einer Ausfallbürgschaft ganz allgemein besondere Sorgfaltspflichten des Sicherungsnehmers und verneint daher einen Anspruch gegen den Bürgen, sofern der Sicherungsnehmer den entstandenen Ausfall in Verletzung dieser Pflichten selbst herbeigeführt hat.[193] Dies soll unter anderem dann gelten, wenn der Anspruch aus der Hauptschuld nicht rechtzeitig geltend gemacht worden ist.[194] Damit bejaht diese Rechtsprechung bei der Ausfallbürgschaft zumindest Obliegenheiten des Sicherungsnehmers, obwohl sie ansonsten – ganz im Sinne des historischen Gesetzgebers -[195] feststellt, dass der Bürgschaftsnehmer durch eine Bürgschaft nur Rechte erlange.[196] Damit wird eine bestimmte Form der Bürgschaft von dem sonst gültigen systematischen Verständnis der Bürgschaftsverträge als strikt einseitigen Verträgen ausgenommen.

Eine nähere Erläuterung, warum die Ausfallbürgschaft von der allgemeinen Struktur einer Bürgschaft abweicht, findet sich aber nicht. Der knappe Hinweis, dass die Ausfallbürgschaft eine eingeschränktere Haftung sei,[197] reicht dafür nicht. Denn damit ist nicht gesagt, dass neben der vereinbarten Beschränkung der Haftung auf einen tatsächlichen wirtschaftlichen Verlust zusätzlich auch noch irgendwelche Verhaltenregeln für den Sicherungsnehmer begründet werden

Der Ausgangspunkt, die Feststellung, dass die Ausfallbürgschaft eine eingeschränktere Haftung ist, ist allerdings richtig. Die dann gezogene Schlussfolgerung, dass dadurch Sorgfaltspflichten des Sicherungsnehmers begründet werden, ist bei dem anerkannten[198] strikt einseitigen Charakter der Bürgschaft ohne nähere Begründung sehr zweifelhaft.

Möglicherweise lässt sich eine Mithaftung des Sicherungsnehmers am eingetretenen Ausfall jedoch aus der getroffenen Vereinbarung ableiten. Der Sicherungsnehmer soll bei einer Ausfallbürgschaft im Allgemeinen und bei einer Ausfallverhütungsgarantie im Besonderen nur insoweit durch den Bürgen

---

192 Seite 55 f.

193 RGZ 87, 327(328); BGH WM 1977, 837(839); BGH NJW 1979, 646 m.w.N. zur Rechtsprechung. Diese Rechtsprechung findet in der Literatur breite Zustimmung. Siehe etwa: Staudinger(Horn), § 771 Rn. 11 oder MünchKomm (Habersack), § 765 Rn. 102 m.w.N.

194 RGZ 87, 327(328).

195 Motive II, S. 680 f.

196 RGZ 87, 327(328) m.w.N.; BGH WM 1960, 51; WM 63, 24 f.; WM 67, 366.; WM 68, 1391(1392).

197 Staudinger(Horn), § 771 Rn. 11.

198 Siehe die Nachweise bei Fn. 196.

abgesichert werden, wie ihm tatsächlich ein Ausfall entstanden ist. Genauer gesagt muss der Bürgschaftsnehmer alles versucht haben, um seine Forderung beim Hauptschuldner realisiert zu haben. Konkret bedeutet dies bei der Ausfallverhütungsgarantie, dass die Zwangsversteigerung des haftenden Grundstücks durchgeführt worden sein muss. Erst dann soll ein schließlich übriggebliebener Rest durch den Sicherungsgeber abgesichert werden.

Bei dieser Sachlage lässt sich der Ausfall des Bürgschaftsnehmers als eine Bedingung für die Haftung des Bürgen verstehen.[199] Der Bürge soll nur dann haften, wenn der Sicherungsnehmer den Hauptanspruch endgültig nicht realisieren konnte.

Ist der Ausfall des Sicherungsnehmers aber die Bedingung für den Anspruch, so ist auch § 162 Abs. 2 BGB anwendbar.[200] Und nach dieser Norm hat der Bürge einen solchen Ausfall nicht zu tragen, wenn der Bürgschaftsnehmer diesen selbst treuwidrig herbeigeführt hat. Ein Unterlassen ist dabei dann treuwidrig, wenn eine (Treue)pflicht zum Tätigwerden bestand.[201] Bei der Bestimmung der Treuwidrigkeit des Unterlassens ist zu beachten, dass § 162 BGB nach dem Willen des Gesetzgebers dem Inhalt des Rechtsgeschäftes Geltung verschafft werden soll. Ein dem Inhalt des Rechtsgeschäftes zuwider laufendes Verhalten soll von der Norm erfasst werden.[202] Es ist also entscheidend, ob das Verhalten eines Beteiligten dem widerspricht, was nach dem gemäß Treu und Glauben zu bestimmenden Sinn des Rechtsgeschäftes von ihm zu erwarten gewesen wäre.[203]

Hat der Sicherungsnehmer seine Hypothek oder Grundschuld gekündigt, so wird er grundsätzlich auch davon ausgehen, dass sich die durch das Recht an dem Grundstück gesicherte persönliche Forderung nur noch über eine Verwertung des haftenden Grundstücks realisieren lässt. Der einzige Weg, um aus der Hypothek oder Grundschuld tatsächlich eine Leistung zu erhalten, ist die Zwangsversteigerung des haftenden Grundstücks. Eine solche ist nach der Kündigung also geboten.

An der baldigen Durchführung der Zwangsversteigerung hat auch der Sicherungsgeber der Ausfallverhütungsgarantie ein besonderes Interesse. Mit der Kündigung des gesicherten Rechts ist die Gefahr einer Inanspruchnahme für ihn konkret geworden. Bis zum Ende der Zwangsversteigerung besteht für ihn jedoch Unsicherheit über die Höhe der Verpflichtung.

---

199 Knütel, FS Flume, S. 573.
200 Knütel, FS Flume, S. 573.
201 Soergel(Wolf), § 162 Rn. 7.
202 Protokolle, S. 184.
203 Flume, S. 717.

Nach dem Sinn der Ausfallverhütungsgarantie – der Sicherung des Sicherungsnehmers vor einem Ausfall bei der Zwangsversteigerung des haftenden Grundstücks – ist vom Sicherungsnehmer demnach gerade zu erwarten, dass er die Zwangsversteigerung durchführt, wenn sich die Gefahr eines Ausfalls konkretisiert. Der Sicherungsnehmer darf die Durchführung der Zwangsversteigerung somit nicht hinauszögern und damit eine zeitnahe Verwertung des Grundstücks verhindert. Ergibt sich aus diesem verzögerten Vorgehen ein erhöhter Ausfall, so ist die Verpflichtung des Sicherungsgebers zumindest auf den Ausfall beschränkt, der auch ohne die verspätete Geltendmachung der Ansprüche entstanden wäre.

Es ließe sich allerdings auch an einen völligen Wegfall der Verpflichtung durch das verspätete Betreiben der Zwangsvollstreckung denken,[204] sofern durch das Nichtbetreiben der Zwangsversteigerung das Risiko des Sicherungsgebers unkalkulierbar würde.[205] Dies ist jedoch bei der Beschränkung der Haftung auf den auch ohne die Verspätung eingetretenen Ausfall nicht der Fall. Die Haftung des Sicherungsgebers bleibt insoweit von vornherein beschränkt, sodass das Risiko des Sicherungsgebers gerade nicht unkalkulierbar wird.

Vielfach wird versucht, diese Beschränkung der Haftung durch eine entsprechende Klausel in der vertraglichen Vereinbarung auszuschließen. Sie lautet dann z.B.:

> *„Der Sicherungsnehmer ist nicht verpflichtet, bei Fälligkeit des durch die Ausfallverhütungsgarantie gesicherten Rechtes die Zwangsversteigerung zu betreiben."*

Ergibt sich die Beschränkung der Haftung des Sicherungsgebers auf einen für den Sicherungsnehmer nicht abwendbaren Ausfall aus der vertraglichen Vereinbarung, dann folgt unmittelbar daraus, dass die Vertragsparteien eine abweichende Vereinbarung in den Vertrag aufnehmen können. Ist dies geschehen, so ist die Herbeiführung der Bedingung durch den Sicherungsnehmer gerade nicht mehr treuwidrig i.S.des § 162 Abs. 2 BGB. In einem solchen Fall haftet der Sicherungsgeber mithin auch für den durch die verspätete Betreibung der Zwangsversteigerung entstandenen Ausfall. Eine derartige Klausel ist also grundsätzlich wirksam.

Denkbar wäre im Einzelfall allenfalls ein Verstoß gegen § 9 Abs. 1 AGBG. Voraussetzung für die Anwendbarkeit der Vorschrift ist jedoch eine unangemessene Benachteiligung des Vertragspartners. Zu einer Beurteilung dieser

---

204 Werkmeister, S. 29.
205 Droste MittRhNotK 1995, 48.

Voraussetzung bedarf es einer umfassenden Würdigung der Interessen beider Parteien.[206] Dabei ist bei einer Ausfallverhütungsgarantie zu berücksichtigen, dass es sich um ein Sicherungsgeschäft handelt, bei dem primär ohnehin dem Sicherungsgeber Verpflichtungen auferlegt werden. Die zusätzliche Verstärkung dieser Rechte allein kann daher keine unangemessene Benachteilung i.S.des § 9 Abs. 1 AGBG darstellen.

2. Nichtbetreiben der Zwangsversteigerung trotz Fälligkeit der durch die Hypothek oder Grundschuld gesicherten persönlichen Forderung

Neben der Frage, welche Auswirkungen es auf die Verpflichtung aus der Ausfallverhütungsgarantie hat, wenn der Sicherungsnehmer trotz der Kündigung der Hypothek oder Grundschuld die Zwangsversteigerung nicht betreibt, ist genauso zweifelhaft, wie es sich auswirkt, wenn die durch das Recht an dem Grundstück gesicherte persönliche Forderung fällig ist und der Sicherungsnehmer es nunmehr unterlässt, die Zwangsversteigerung zu betreiben.

Üblicherweise wird die Hypothek oder Grundschuld ein Tilgungsdarlehen sichern. Leistet der Darlehensnehmer dann seine Raten nicht mehr, wird der Darlehensgeber das Darlehen kündigen. Damit wird die gesamte Darlehenssumme fällig. Fraglich ist, ob der Sicherungsnehmer der Ausfallverhütungsgarantie in diesem Fall verpflichtet ist, unmittelbar die Zwangsversteigerung des haftenden Grundstücks zu betreiben. Maßgeblich ist auch hier, ob andernfalls eine treuwidrige Herbeiführung einer Bedingung i.S.des § 162 Abs. 2 BGB vorliegt.

Dabei ist an dieser Stelle allerdings zu beachten, dass die vertragliche Vereinbarung gar keinen Bezug auf die persönliche Forderung nimmt. Dennoch hat die persönliche Forderung Einfluss auf eine mögliche Verpflichtung des Sicherungsgebers, da sie die Höhe der Haftung aus dem Grundstück sowohl bei der Hypothek als auch (mittelbar) bei der Sicherungsgrundschuld bestimmt. Insoweit unterscheidet sich die Situation gar nicht von einer verspäteten Zwangsversteigerung bei der Fälligkeit einer gekündigten Hypothek oder Grundschuld.[207] Hier wie dort ist entscheidend, dass bei der bestehenden Bedingung für die Haftung des Sicherungsgebers - dem Ausfall des Sicherungsnehmers nach einer durchgeführten Zwangsversteigerung – eine baldigen Beantragung der Zwangsversteigerung in dem Moment zu erwarten ist, in dem die Gefahr eines Ausfalls sich konkretisiert. Betreibt der Sicherungsnehmer die Zwangsversteigerung in einer solchen Situation also nicht und erhöht sich dadurch der Ausfall der Hypothek oder Grundschuld, so stellt dies einen Fall

206 Palandt(Heinrichs), AGBG 9 Rn. 8.
207 Dazu soeben auf Seite 70 ff.

der treuwidrigen Herbeiführung der Bedingung für die Haftung des Sicherungsgebers gemäß § 162 Abs. 2 BGB dar.

Ohne eine abweichende Formulierung im Vertrag sichert die Ausfallverhütungsgarantie daher grundsätzlich auch nicht den (erhöhten) Ausfall, der durch das verspätete Betreiben der Zwangsvollstreckung des haftenden Grundstücks trotz Fälligkeit der durch die Hypothek oder Grundschuld gesicherten persönlichen Forderung entstanden ist.

Zu beachten ist in jedem Einzelfall jedoch, dass ein treuwidriges Verhalten des Sicherungsnehmers notwendig ist. Und ein solches wird dann zu verneinen sein, wenn er die Zwangsversteigerung deswegen nicht betreibt, weil er bemüht ist, eine andere Möglichkeit zur Rückführung des Darlehens zu finden. Denn ein solches Bemühen dient den berechtigten Interessen des Eigentümers des haftenden Grundstücks, da so möglicherweise die für ihn wirtschaftlich sehr belastende Zwangsversteigerung vermieden werden kann. Eine Treuwidrigkeit kann aber gerade nicht angenommen werden, wenn es wirtschaftlich vernünftige Gründe für das beeinflussende Verhalten gibt.[208]

Ohne einen solchen Hintergrund haftet der Sicherungsgeber jedoch nicht für den durch die verspätete Betreibung der Zwangsvollstreckung entstandenen Ausfall.

Etwas anderes gilt wiederum dann, wenn eine ausdrücklich anderslautende Vereinbarung getroffen wurde. Dann wird auch der zusätzliche Ausfall von der Ausfallverhütungsgarantie abgesichert. Eine die Fälle der Verpflichtung zur Betreibung der Zwangsversteigerung ausschließende Vereinbarung sollte etwa wie folgt lauten:

> *„Der Sicherungsnehmer ist weder bei Fälligkeit der Hypothek (Grundschuld) noch bei Fälligkeit der durch die Hypothek (Grundschuld) gesicherten persönlichen Forderung verpflichtet, die Zwangsversteigerung des haftenden Grundstücks zu betreiben."*

Ein Verstoß gegen § 9 Abs. 1 AGBG wird hier ebenso wenig in Betracht kommen wie bei der im vorherigen Abschnitt beschriebenen Konstellation.[209]

3. Stundung des gesicherten Rechtes durch den Sicherungsnehmer

Ein ganz ähnliches Problem ergibt sich für den Fall, dass der Sicherungsnehmer eine Stundung des gesicherten Rechtes gewährt. Auch hier ließe sich daran

208 Staudinger(Bork), § 162 Rn. 9.
209 Oben Seite 73., die Begründung gilt hier in gleicher Weise.

denken, dass die Verpflichtung aus der Ausfallverhütungsgarantie damit entfällt.[210]

Nicht begründen lässt sich dies jedoch damit, dass durch die Stundung die Gefahr eines erhöhten Ausfalles wächst.[211] Sofern die vertragliche Vereinbarung so verstanden wird, dass der Anspruch des Sicherungsnehmers beschränkt auf den Ausfall ist, der nicht durch eigenes Verhalten verursacht ist, bleibt der Haftungsumfang gleich. Genauso wenig überzeugt es, wenn eine nicht zu rechtfertigende Benachteiligung des Sicherungsgebers durch eine Stundung behauptet wird.[212] Bei richtigem Verständnis der vertraglichen Vereinbarung haftet der Sicherungsgeber schließlich niemals für mehr als für die Summe, für die er auch ohne die Stundung gehaftet hätte. Folglich ergibt sich auch für den Fall der Stundung des durch die Ausfallverhütungsgarantie gesicherten Rechtes die Lösung aus der vertraglichen Vereinbarung selbst. Ohne eine anders lautende Abrede haftet der Sicherungsgeber auch hier nur in der Höhe des Ausfalles, der auch ohne die Stundung eingetreten wäre.[213] Wollen die Vertragsparteien dem Sicherungsnehmer die Möglichkeit zur Stundung der gesicherten Hypothek oder Grundschuld eröffnen, ohne dass dies eine Beschränkung der Haftung des Sicherungsgebers zur Folge hat, so müssen sie eine entsprechende Vereinbarung in ihren Vertrag aufnehmen.

4. Erhöhung des dinglichen Zinssatzes

In gleicher Weise ist auch die Frage zu beantworten, wie es sich auswirkt, wenn der dingliche Zinssatz geändert wird. Bei Fehlen einer anders lautenden Abrede ist auch hier der erhöhte Ausfall durch den Sicherungsnehmer selbst verursacht und wird folglich nicht von der Haftung des Sicherungsgebers umfasst. Dieser haftet erneut nur für den Ausfall nebst Zinsen in Höhe des bisherigen Zinssatzes.[214]

5. Rangverschlechterung des gesicherten Rechtes

Eine ganz andere Situation entsteht, wenn der Gläubiger der Hypothek oder Grundschuld mit seinem Recht im Rang zurücktritt. Fraglich ist, ob auch hier eine Auslegung der vertraglichen Vereinbarung möglich ist oder ob in einem

---

210 Stillschweig, Ausbietungsgarantie JW 1914, 338; Werkmeister, S. 29; Droste MittRhNotK 1995, 48.

211 Droste MittRhNotK 1995, 48.

212 Werkmeister, S. 29.

213 Hier im Ergebnis ebenso Hennings, S. 25 f.

214 Im Ergebnis auch bei dieser Frage ebenso: Hennings, S. 25 f. Auch Droste MittRhNotK 1995, 48 kommt bei dieser Frage zum gleichen Ergebnis.

solchen Fall die von den Parteien vereinbarte akzessorische Verbindung der Verpflichtung aus der Ausfallverhütungsgarantie mit der Verpflichtung aus der Hypothek oder Grundschuld zu einem Untergang der Ausfallverhütungsgarantie führen muss.

Ein Wegfall der Verpflichtung aus der Ausfallverhütungsgarantie wäre wegen der Akzessorietät im Bestand gemäß den §§ 765 Abs. 1, 767 S. 1 BGB insbesondere dann zu bejahen, wenn das gesicherte Recht, also die Hypothek oder Grundschuld, durch seine Rangstelle gleichsam bestimmt würde. Oder anders ausgedrückt ließe sich ein Erlöschen der Verpflichtung des Sicherungsgebers durch die Änderung der Rangstelle nur verneinen,[215] wenn man davon ausginge, dass die Parteien der Ausfallverhütungsgarantie ihre Vereinbarung unabhängig von der Rangstellung treffen. Nur dann wäre die Rangstelle losgelöst vom eigentlichen Recht zu betrachten. Anderenfalls ist das gesicherte Recht untergegangen, da es in der konkreten – durch seine Rangstelle mitbestimmten – Form nicht mehr besteht. Daraus folgte wegen der Akzessorietät im Bestand gemäß §§ 765 Abs. 1, 767 S. 1 BGB auch der Untergang der Verpflichtung aus der Ausfallverhütungsgarantie.

Beachtet man, dass der wirtschaftliche Wert eines Rechtes an einem Grundstück ganz entscheidend von der Rangstelle, an der sich dieses Recht befindet, geprägt wird, so werden die Parteien einer Sicherungsvereinbarung, die eben diesen wirtschaftlichen Wert gewähren soll, ihre Vereinbarung immer auch im Hinblick auf die Rangstelle des Rechtes treffen. Denn nur durch diese Rangstelle erhält das Recht seinen wirtschaftlichen Wert. Unterhalb dieses Ranges darf das gesicherte Recht demnach nicht fallen.

Gerade in Bezug auf eine Sicherungsvereinbarung zugunsten dieses Rechtes ist die Rangstelle gleichsam der maßgebliche Gesichtspunkt für die Bestimmung des Rechtes. Nur bei einer rein formalistischen Betrachtung ließe sich demgegenüber die Frage der Rangstelle eines Rechtes von der Bedeutung des Rechtes für den Rechtsverkehr trennen. Eine derartige formalistische Betrachtung ließe aber völlig außer Acht, dass die Parteien einer Sicherungsvereinbarung für dieses Recht gerade auch den wirtschaftlichen Wert dieses Rechtes vor Augen haben.

Daraus folgt, dass der Sicherungsgeber der Ausfallverhütungsgarantie die Verpflichtung nicht für irgendeine Hypothek oder Grundschuld übernimmt, sondern für die Hypothek oder Grundschuld des Sicherungsnehmers an der bei Vertragsschluss bestimmten Rangstelle. Die Annahme, dass die Vereinbarung ohne Bezug auf die Rangstelle des gesicherten Rechtes getroffen wird, ist nicht haltbar. Vielmehr ist die Rangstelle des Rechtes für die Parteien der Ausfall-

215 So Pikalo, S. 52.

verhütungsgarantie Teil der Hypothek oder Grundschuld selbst. Eine Veränderung der Rangstelle stellt folglich eine Auflösung der konkret gesicherten Hypothek oder Grundschuld dar. Und nach der zwingenden Akzessorietät im Bestand nach §§ 765 Abs. 1, 767 S. 1 BGB erlischt damit die Verpflichtung aus der Ausfallverhütungsgarantie.

Da die von den Parteien gewählte akzessorische Sicherung auch gerade durch diese Akzessorietät im Bestand geprägt wird,[216] ist eine abweichende Vereinbarung nicht möglich. Dies folgt aber nicht etwa aus einer durch das Gesetz den Vertragsparteien aufgezwungenen Konstruktion. Vielmehr ergibt es sich aus dem Willen der Parteien selbst. Die Parteien selbst sind es, die den akzessorischen Charakter der Sicherung gewollt haben.[217] Eine in den Verträgen teilweise zu findende Klausel wie:

> *„Der Sicherungsnehmer ist nicht gehindert, mit seiner Hypothek (Grundschuld) im Rang zurückzutreten.“*,

widerspricht dieser von den Parteien vereinbarten Akzessorietät im Bestand. Denn durch eine solche Klausel wird die Verpflichtung aus der Ausfallverhütungsgarantie in einem bestimmten Fall gerade selbständig zu der Verpflichtung aus der Hypothek oder Grundschuld. Will man nicht die gesamte Vereinbarung wegen Widersprüchlichkeit der Erklärung als nichtig ansehen, muss man daher diese Klausel als unwirksam betrachten.

Dabei soll an dieser Stelle nicht verkannt werden, dass durch die Beschränkung der Haftung auf das gesicherte Recht in seiner durch die Rangstelle bestimmten Form in der Praxis Schwierigkeiten auftreten können. Problematisch kann dies vor allem dann werden, wenn der Sicherungsnehmer mit seiner Hypothek oder Grundschuld wegen einer kurzfristigen Zwischenfinanzierung zurücktreten möchte. Bei einem angestrebten kurzfristigen Rangrücktritt wird daher der Sicherungsnehmer eine gemeinsame Lösung mit dem Sicherungsgeber suchen müssen. Diese kann darin zu finden sein, dass der Sicherungsgeber eine weitere Ausfallverhütungsgarantie für das an die alte Rangstelle zurückgekehrte Recht übernimmt. Zumeist wird der Sicherungsgeber mit einer solchen Lösung einverstanden sein.
Schließlich stellt die Zwischenfinanzierung die weitere Zahlungsfähigkeit des Eigentümers des haftenden Grundstück sicher und wird so eine Zwangsvollstreckung des haftenden Grundstücks abwenden. Die Vermeidung der

216 Siehe oben, Seite 48 f.
217 Siehe dazu oben, Seite 48 f.

Zwangsvollstreckung verhindert aber auch das Entstehen einer Zahlungspflicht bei dem Sicherungsgeber.

6. Unverschuldete Unkenntnis des Sicherungsgebers von der Zwangsversteigerung des haftenden Grundstücks

a) Wegfall der Verpflichtung

Erhält der Bürge ohne eigenes Verschulden keine Kenntnis vom Versteigerungstermin, so ließe sich ein Wegfall der gesamten Verpflichtung begründen, wenn dies dem Parteiwillen bei Abschluss des Vertrages entspräche.[218] Ohne eine eindeutige Vereinbarung über diesen Punkt ergeben sich dafür aber zunächst einmal keine Anhaltspunkte. Schließlich soll der Sicherungsgeber gerade nicht in der Zwangsversteigerung auftreten, seine Leistungspflicht besteht (allein) in der Zahlung einer Geldsumme in Höhe des eingetretenen Ausfalles des Sicherungsnehmers. Nach der vertraglichen Vereinbarung soll der Sicherungsgeber an der Zwangsversteigerung als solcher folglich gerade nicht beteiligt sein. Allenfalls aus der Möglichkeit eines für ihn wirtschaftlich sinnvollen Eigenerwerbes könnte man auf einen entsprechenden Parteiwillen schließen.[219] Die entsprechende Fallkonstellation ist oben[220] bereits dargestellt worden. Es geht um die Frage, ob die Abgabe eines eigenen Gebotes für den Sicherungsgeber sinnvoller ist als die Zahlung der Ausfallsumme. Die entsprechenden Sachverhalte gestalteten sich in etwa wie folgt:

Zugunsten der G ist auf dem Grundstück des E eine Sicherungsgrundschuld in Höhe von 120.000 DM eingetragen. Bezüglich dieser Grundschuld hat der A eine Ausfallverhütungsgarantie in voller Höhe übernommen, sonstige Rechte an dem Grundstück bestehen nicht. Der Verkehrswert des Grundstücks ist auf 100.000 DM festgesetzt. In der Zwangsversteigerung werden von D 70.000 DM geboten.

Hier wäre für A die Abgabe eines die Grundschuld des G deckenden Gebotes günstiger als der Ausgleich des durch das Gebot des D entstehenden Ausfalls, da er sich bei einem eigenen Gebot den Grundstückswert in sein Vermögen einverleiben kann.[221] Um tatsächlich aus dieser möglichen Sachlage darauf schließen zu können, dass die Kenntnis des Sicherungsgebers von der Zwangsversteigerung des haftenden Grundstücks für die Parteien grundsätzlich Voraussetzung für den Anspruch ist, müsste man den Parteien unterstellen, dass

218 So Droste MittRhNotK 1995, 48.
219 Droste MittRhNotK 1995, 48.
220 Seite 41.
221 Siehe oben, Seite 41 f.

sie sich über die besondere Bedeutung des Eigenerwerbes bei Vertragsschluss bewusst waren.

Dies wird höchstens bei besonderen Anhaltspunkten anzunehmen sein, etwa dann, wenn für den Sicherungsgeber ein echtes Erwerbsinteresse für den Vertragsschluss maßgeblich war.[222] Denn dann weiß der Sicherungsnehmer, dass der Sicherungsgeber an der Zwangsversteigerung teilnehmen will.

Ansonsten kann sich, zumindest grundsätzlich, erst in der Zwangsversteigerung selbst herausstellen, welches Vorgehen für den Sicherungsgeber günstiger ist, ob er also besser einen Selbsterwerb vornimmt oder ob er sich besser auf die Ausgleichszahlung beschränkt. Vor der Zwangsversteigerung wird folglich weder dem Sicherungsgeber noch dem Sicherungsnehmer diese wirtschaftliche Interessenlage des Sicherungsgebers erkennbar gewesen sein. Hat der Sicherungsgeber daher nicht ausdrücklich Wert auf die Kenntnis von der Zwangsversteigerung gelegt, so lässt sich ein Parteiwille über die notwendige Kenntnis des Sicherungsgebers vom Versteigerungstermin nicht begründen. Daraus ergibt sich, dass die Verpflichtung aus der Ausfallverhütungsgarantie bei einer fehlenden Kenntnis des Sicherungsgebers von der Zwangsversteigerung des haftenden Grundstücks nicht entfällt.

b) Minderung des Anspruches nach den Regeln der pFV

Jedoch wird man dem Sicherungsnehmer für den Fall, dass sich bereits vor dem entscheidenden Versteigerungstermin abzeichnet, dass der Zuschlag unter dem Verkehrswert erteilt werden wird, eine Benachrichtigungspflicht auferlegen müssen. Bedeutsam ist dies insbesondere für Fälle, bei denen im ersten Versteigerungstermin wegen eines zu geringen Gebotes nach § 85a Abs. 1 ZVG oder nach § 74a Abs. 1 S. 1 ZVG der Zuschlag versagt worden ist.

In Abwandlung zu dem Fallbeispiel unter a) hatte der D hier bereits in einem vorherigen Versteigerungstermin ein Gebot von 40.000 DM abgegeben. In diesem Termin war die Zuschlagserteilung gemäß § 85a Abs. 1 ZVG versagt worden, da das Gebot die Hälfte des Grundstückswertes nicht erreicht hatte.

222 Heiderhoff MittRhNotK 1966, 53. Dort wird in einem derartigen Fall dann sogar ein Schadenersatzanspruch des Sicherungsnehmers für möglich gehalten. Ein solcher ist tatsächlich denkbar, sofern dem Sicherungsnehmer in der Zwangsversteigerung ein günstiger Erwerb des haftenden Grundstücks gelungen wäre. In den allermeisten Fällen wird der Sicherungsgeber jedoch durch die Befreiung von der Verpflichtung aus der Ausfallverhütungsgarantie vor einem Schaden geschützt sein.

In einem solchen Fall ist dem Sicherungsnehmer die dargestellte wirtschaftliche Interessenlage bewusst geworden. Gleiches gilt dann, wenn er einen Selbsterwerb in Betracht zieht, bei dem sein eigenes Gebot die Forderung aus der gesicherten Hypothek oder Grundschuld nicht decken und unterhalb des festgelegten Verkehrswertes liegen wird. Bei derartigen Konstellationen kann der Sicherungsnehmer schließlich erkennen, dass sich das Grundstück wohl nur unter seinem Verkehrswert wird versteigern lassen. Aus der allgemeinen vertraglichen Nebenpflicht, die Interessen des Vertragspartners zu berücksichtigen,[223] folgt dann die Verpflichtung, den Sicherungsgeber über die Gefahr eines erhöhten wirtschaftlichen Verlustes zu benachrichtigen. Der Anspruch des Sicherungsnehmers beschränkt sich folglich bei einer derartigen Konstellation auf den Verlustanteil, der auch bei einem erfolgreichen Rettungserwerb des Sicherungsgebers entstanden wäre. Für den darüber hinausgehenden Teil kann der Sicherungsgeber einen eigenen Anspruch aus pFV geltend machen. Demnach steht dem Anspruch des Sicherungsnehmers der aus § 242 BGB folgende Gedanke entgegen, dass es treuwidrig ist, eine Leistung zu verlangen, die sofort wieder zurückzugewähren ist (dolo facit, qui petit, quo statim redditurus est).

III. Berücksichtigung eines durch den Sicherungsnehmer erlangten Vorteils gemäß der Befriedigungsfiktion des § 114a ZVG

1. Grundsätzliche Wirkung des § 114a ZVG zugunsten des Sicherungsgebers

Zu hinterfragen ist, ob ein etwaiger Vorteil, den der Sicherungsnehmer durch die Ersteigerung des Grundstücks erlangt, nach der 7/10-Regelung des § 114a ZVG bei seiner Forderung aus der Ausfallverhütungsgarantie berücksichtigt werden kann. Zur Verdeutlichung der Problematik soll das folgende Fallbeispiel[224] dienen:

Auf dem Grundstück des E lastet eine Grundschuld zugunsten des A in Höhe von 100.000 DM. Für diese Grundschuld hat der B eine Ausfallverhütungsgarantie übernommen. A betreibt die Zwangsversteigerung in das Grundstück. Der Verkehrswert (§ 74a Abs. 5 ZVG) des Grundstücks beträgt 180.000 DM. Das Bargebot (§ 49 Abs. 1 ZVG) beträgt 50.000 DM, es besteht eine gegenüber der Grundschuld des A vorrangige unver

223 Siehe zu dieser Verpflichtung etwa: Palandt(Heinrichs), Einl. v. § 241 Rn. 6 f.

224 Ausführliche Fallbeispiele finden sich bei Zeller/Stöber, § 114a Rn. 2.2. und bei Böttcher, § 114a Rn. 11.

zinsliche Grundschuld zugunsten von X in Höhe von ebenfalls 50.000 DM. X ist dem Verfahren beigetreten (§ 27 ZVG). In der Zwangsversteigerung bietet der A 100.000 DM. A erhält zu diesem Gebot den Zuschlag. Anschließend macht er einen Anspruch von 100.000 DM aus der Ausfallverhütungsgarantie gegen den B geltend. Fraglich ist, ob dieser sich auf § 114a ZVG berufen kann und damit die Zahlung in Höhe von 26.000 DM verweigern kann.

Durch die Regelung des § 114a ZVG soll der wirtschaftliche Wert des Grundstücks bewahrt werden.[225] Der ersteigernde Hypothekar oder Grundschuldgläubiger soll sich den Vorteil des günstigen Erwerbes auf seine Forderung anrechnen lassen müssen. Dies gilt auch dann, wenn eine sonstige Person für den Hypothekar oder Grundschuldgläubiger ein Gebot abgibt, denn entscheidend ist, dass auch dann der Gläubiger das Grundstück wirtschaftlich nutzen kann.[226]

Fraglich ist, ob der Schutz dieser Norm auch zugunsten des Sicherungsgebers einer Ausfallverhütungsgarantie wirken kann. Überwiegend wird dies verneint.[227] Dabei ist interessant, dass anschließend eine Lösung über die Regeln der Vorteilsausgleichung gesucht wird und dort nun aber die 7/10-Grenze des § 114a ZVG zur Begrenzung des erlangten Vorteils herangezogen wird.[228] Möglicherweise kann die Fiktion des § 114a ZVG aber auch unmittelbar zugunsten des Sicherungsgebers einer Ausfallverhütungsgarantie wirken.

Um diese Frage beantworten zu können, ist es notwendig festzustellen, die Erfüllung welcher Verbindlichkeit durch § 114a ZVG fingiert wird.
Denkbar ist zum einen die Befriedigung der durch die Hypothek oder Grundschuld gesicherten persönlichen Forderung,[229] zum anderen ließe sich auch auf

225 BGHZ 117, 8(14.)

226 BGHZ 117, 8(14).

227 OLG Celle Rpfleger 1989, 118, zustimmend Muth, Anmerkung Rpfleger 1989, 119; Steiner(Storz), § 66 Rn. 36; Hennings, S. 29; Droste MittRhNotK 1995, 51; Mohrbutter/Drischler/Radtke/Tiedemann, S. 526.

228 BGH WM 1987, 80 = Rpfleger 1987, 120; Droste MittRhNotK 1995, 52; Hennings, S. 29 f.; Steiner(Eickmann), § 114a Rn. 22.

229 Steiner(Eickmann), § 114a Rn. 21; Muth, Befriedigungsfiktion Rpfleger 1987, 92 f. m.w.N.; Dassler/Schiffhauer/Gerhardt/Muth(Schiffhauer), § 114a Rn. 7.

den dinglichen Anspruch aus der Hypothek oder Grundschuld abstellen.[230] Wie dargelegt, wird durch die Ausfallverhütungsgarantie nur der durch die Hypothek oder Grundschuld gesicherte dingliche Anspruch abgesichert. Daraus folgt, dass nur dann, wenn dessen Erfüllung durch § 114 a ZVG fingiert wird, überhaupt eine Erstreckung dieser Norm auch auf den Sicherungsgeber der Ausfallverhütungsgarantie in Betracht kommen kann.

Ein Argument dafür, dass § 114a ZVG Bezug auf den dinglichen Anspruch nimmt, kann zunächst aus der Systematik des Gesetzes gewonnen werden. Denn der selbständige Charakter der Grundschuld wird im Zwangsvollstreckungsrecht stets beachtet.[231] Wird die Zwangsversteigerung wegen des dinglichen Rechtes beantragt, so wird bei der Anordnung des Verfahrens (§§ 15, 16 ZVG), bei der Festlegung des geringsten Gebotes(§ 45 Abs. 1 ZVG), bei der Zuschlagserteilung (§ 85a Abs. 1 ZVG) und beim Erlösverteilungsverfahren (§ 114 ZVG) auf die Grundschuld als solche und nicht auf die durch sie gesicherte Forderung abgestellt.[232]

Auch die Gegenansicht räumt ein, dass diese Argumentation systematisch besticht.[233] Tatsächlich lässt sich gegen diese systematische Überlegung allenfalls vorbringen, dass die Grundschuld mit der Zuschlagserteilung gemäß § 91 Abs. 1 ZVG doch erloschen sei.[234]

---

230 Bauch Rpfleger 1986, 458; Zeller/Stöber, § 114a Rn. 3.6. Auch der BGH geht davon aus, dass durch den § 114a ZVG zumindest auch die Befriedigung der dinglichen Forderung fingiert wird [BGH NJW 1987, 503(504) = WM 1987, 80(81) = Rpfleger 1987, 120]. Zu beachten ist, dass der Begriff des dinglichen Anspruches in diesen Fundstellen wohl nicht so wie hier, also im Sinne eines echten Zahlungsanspruches, verstanden wird. Denn der Begriff des dinglichen Zahlungsanspruches bezieht sich bei den Diskussionen im Rahmen des ZVG auf den Anspruch der dem Grundschuldgläubiger nach der Zwangsversteigerung zusteht (vgl. dazu die Darstellung von Muth, Probleme ZiP 1986, 352). Für die Frage der Anwendung des § 114a ZVG auf den Anspruch aus der Ausfallverhütungsgarantie kommt es auf diese Unterscheidung jedoch nicht an. Maßgeblich ist insoweit nur, dass auch nach dieser Ansicht nicht die Erfüllung der persönlichen Forderung fingiert wird.

231 Bauch Rpfleger 1986, 458. Bauch beschränkt daher seine Überlegungen auch auf die Grundschuld.
Ott, S. 144 weist zu Recht darauf hin, dass diese Beschränkung zu einer systemwidrigen Ungleichbehandlung von Grundschuld und Hypothek führt. Allerdings folgt daraus im Gegensatz zu seiner Auffassung nicht, dass die Überlegungen bezüglich der Grundschuld falsch sind. Vielmehr lassen sie sich wegen der insoweit gleichen Struktur auch auf die Hypothek anwenden. Denn es ist ja oben (Seite 34 ff.) herausgearbeitet worden, dass sowohl Grundschuld als auch Hypothek einen dinglichen Zahlungsanspruch sichern.

232 Bauch Rpfleger 1986, 458.

233 Muth, Befriedigungsfiktion Rpfleger 1987, 93.

234 Muth, Befriedigungsfiktion, Rpfleger 1987, 93.

Geht man von einem derartigen Erlöschen der Grundschuld aus, so könnte man daraus folgern, dass es durch dieses Erlöschen auch gar keinen Gegenstand für eine fingierte Befriedigung mehr gibt.

Fraglich ist aber, ob der Anspruch aus der Grundschuld tatsächlich untergegangen ist. Hier muss man sich noch einmal die richtig verstandene Struktur der Hypothek und der Grundschuld vor Augen führen.[235] Die Hypothek oder Grundschuld sichert einen dinglichen Zahlungsanspruch und beschränkt gleichzeitig die Haftung für diesen Anspruch auf das Grundstück. Mit der Zuschlagserteilung ist nach § 91 Abs. 1 ZVG diesem dinglichen Anspruch der Haftungsgegenstand genommen. Erloschen ist nach § 91 Abs. 1 ZVG also die Grundschuld oder Hypothek, nicht erloschen ist hingegen der dingliche Zahlungsanspruch, der durch dieses Recht an dem Grundstück gesichert worden ist. Dieser kann, da für ihn kein Haftungsgegenstand mehr besteht, nicht mehr befriedigt werden. Als solcher bleibt er aber bestehen. Für die Haftung des Eigentümers ist dies zwar ohne Bedeutung. Mit der Zuschlagserteilung ist seine Verpflichtung erfüllt, aber nicht weil der gesicherte Anspruch weggefallen ist, sondern weil diesem Anspruch der Haftungsgegenstand genommen wurde. Folglich verfängt der Einwand, dass es nach § 91 Abs. 1 ZVG gar keinen Gegenstand für eine fingierte Befriedigung mehr gäbe, nicht. Nach der Systematik des Gesetzes ist daher davon auszugehen, dass § 114a ZVG den dinglichen Zahlungsanspruch meint.

Aber neben der Systematik des Gesetzes könnte auch der wirtschaftliche Sinn und Zweck der Regelung für dieses Ergebnis sprechen. Denn der durch die Norm zu sichernde Wert des Grundstücks steht doch dem Eigentümer und seinen (dinglichen) Gläubigern und nicht dem persönlichen Schuldner zu. Nimmt man jedoch an, dass § 114a ZVG die Befriedigung der persönlichen Forderung fingiert, so kommt diese Fiktion dem persönlichen Schuldner zugute. Bei Personenidentität zwischen persönlichem Schuldner und Eigentümer hat es keine Auswirkung, ob man annimmt, § 114a ZVG meine die persönliche Schuld und nicht die dingliche Schuld. Die Wirkung des § 114a ZVG kommt dann zumindest im Ergebnis dem Eigentümer des Grundstücks zugute.

Bei Auseinanderfallen von persönlichem Schuldner und Eigentümer sieht dies aber anders aus. Bezieht man § 114a ZVG dann auf die persönliche Schuld, so wird nur der Anspruch gegen den persönlichen Schuldner entsprechend gemindert. Für den Eigentümer verbleibt es dabei, dass das Grundstück unter seinem tatsächlichen Wert versteigert wurde. Es ist daher nur zu naheliegend, dass bei der Bejahung eines Bezuges des § 114a ZVG auf die persönliche Schuld davon ausgegangen wird, dass die Norm in einem Dreipersonenverhältnis gar nicht

235 Ausführlich dazu oben auf Seite 35 ff.

gelte.[236] In der Tat lässt sich nicht begründen, warum nur dem in keiner Beziehung zu dem Grundstück stehenden persönlichen Schuldner der wirtschaftliche Wert des Grundstücks erhalten werden soll.

Sofern Muth in einer ausführlichen Darstellung der Gesetzgebungsgeschichte[237] darauf hinweist, dass auf dem Weg zu einer dem § 114a ZVG entsprechenden Regelung ausdrücklich Bezug auf die persönliche Forderung genommen wurde,[238] lassen sich in diesem Fall daraus keine Einwände gegen die systematische und teleologische Auslegung gewinnen. Denn bei dem bis heute noch vorherrschenden Verständnis der Hypothek und Grundschuld als reinen Verwertungsrechten[239] wurde die Möglichkeit des Bestehens eines dinglichen Zahlungsanspruches zumeist wohl gar nicht gesehen. Es gab in den Augen der damaligen Autoren gar keine Forderung aus dem Grundstück, die hätte Gegenstand einer Fiktion sein können.

Es ist hier also festzuhalten, dass sowohl nach der Systematik des Gesetzes als auch nach dem Sinn und Zweck der Regelung des § 114a ZVG die Norm eine Erfüllung der dinglichen Forderung fingiert. Diese dingliche Forderung ist durch die Ausfallverhütungsgarantie akzessorisch gesichert worden.

Auf den ersten Blick ließe sich einfach aus der Akzessorietät im Umfang folgern, dass auch der Sicherungsgeber daher von der Regelung des § 114a ZVG profitieren müsste.

Ganz so einfach ist dies allerdings nicht. Denn § 114a ZVG *fingiert* lediglich eine höhere Befriedigung, tatsächlich liegt also gerade keine Befriedigung des Gläubigers vor. Daher kann man an dieser Stelle auch nicht schlicht auf die Akzessorietät im Umfang verweisen. Entscheidend muss vielmehr die Frage sein, wie weit die Fiktion des § 114a ZVG greift. Und da ließe sich daran denken, dass die Fiktion ausschließlich den dinglichen Anspruch selbst erfasst.[240] Dagegen lässt sich indes die von den Parteien gewünschte und gewählte akzessorische Haftung anführen. Auch wenn diese hier nicht unmittelbar wirkt, so ist doch zu beachten, dass die Parteien die Verknüpfung von Anspruch aus der Hypothek oder Grundschuld und dem Anspruch aus der Ausfallverhütungsgarantie gewollt haben.[241] Dann muss aber ohne gegenteilige

---

236 Kahler MDR 1983, 904.

237 Muth, Befriedigungsfiktion Rpfleger 1987, 89 ff.

238 Muth, Befriedigungsfiktion Rpfleger 1987, 90 mit vielen Nachweisen zur Literatur vor Entstehung des § 3 ZwVV, der nahezu wortgleich als § 114a ZVG vom Notrecht zum Dauerrecht wurde.

239 Siehe dazu oben Seite 34.

240 Mohrbutter/Drischler/Radtke/Tiedemann, S. 526.

241 Dazu oben, Seite 48 ff.

Anhaltspunkte davon ausgegangen werden, dass eine der Hauptforderung zugute kommende Fiktion auch auf den Anspruch aus der Ausfallverhütungsgarantie durchschlagen soll. Die Annahme eines gegenteiligen Parteiwillens ließe sich nur bei einem entsprechenden Anhaltspunkt begründen.

Ein solcher kann sich aber möglicherweise aus der wirtschaftlichen Interessenlage der Vertragsparteien ergeben. Teilweise wird eine Erstreckung der Befriedigungsfiktion des § 114a ZVG auf den Sicherungsgeber einer Ausfallverhütungsgarantie als wirtschaftlich verfehlt angesehen, da dies zu Lasten des Schuldners und möglicherweise auch des Sicherungsgebers dazu führen könnte, dass gar kein oder nur ein sehr geringes Gebot abgegeben wird.[242] Aber genau dieses Risiko besteht ganz allgemein bei § 114a ZVG, es wird vom Gesetz bewusst in Kauf genommen. Auch daraus lässt sich also kein Argument gegen die Erstreckung der Wirkung des § 114a ZVG auf einen für die Hypothek oder Sicherungsgrundschuld akzessorisch haftenden Dritten ziehen.

Folglich wirkt die 7/10-Fiktion auch zugunsten des Sicherungsgebers einer Ausfallverhütungsgarantie. Im eingangs geschilderten Beispielsfall beträgt der Anspruch des Sicherungsnehmers daher nur noch 74.000 DM.

2. Ausschluss der Wirkung des § 114a ZVG durch die Vertragsparteien

Die dargestellte Wirkung des § 114a ZVG wird in den allermeisten Verträgen jedoch durch eine entsprechende Vereinbarung der Vertragsparteien ausgeschlossen.[243] Es stellt sich also die Frage, ob ein solcher Ausschluss rechtswirksam ist, ob also die Fiktion durch Sicherungsgeber und Sicherungsnehmer ausgeschlossen werden kann oder ob die Regelung des § 114a ZVG unabdingbar ist.

Dies lässt sich nur beantworten, wenn man zunächst feststellt, wie weit der Schutz der Norm überhaupt gehen soll. Sinn und Zweck der Regelung ist es, wie dargestellt, den Wert des Grundstücks zu erhalten. Daraus könnte abzuleiten sein, dass § 114a ZVG den Sinn und Zweck hat, dem Eigentümer den Wert seines Grundstücks unter allen Umständen zukommen zu lassen, also auch dann, wenn er sich tatsächlich nicht realisieren lässt. Der Eigentümer wäre nicht dispositionsbefugt über dieses Recht, da es ihn und seine Gläubiger absolut

242 Steiner(Storz), § 66 Rn. 36; Droste MittRhNotK 1995, 51.

243 Siehe dazu auch die angebotenen Vertragsmuster. Hennings, S. 45 f. (Muster 4.1 Nr. 3.2): „§ 114a ZVG findet im Verhältnis zwischen ihnen [=den Vertragsparteien] keine Anwendung.“; MünchVertragshandbuch(Hagena/Langenfeld), Muster X 10 § 4 (S. 297).

schützen will.[244] Der Wert des Eigentums wäre fest an den Eigentümer gebunden und das Grundrecht aus Art. 14 GG auch gegenüber den Gläubigern des Eigentümers geschützt.[245]

Selbst wenn man dieser Argumentation folgt,[246] so lässt sich dies jedoch nicht auf Dritte, die für die Verpflichtung des Eigentümers haften, übertragen. Denn sie haben kein Eigentumsrecht an dem Grundstück. Folglich kann die Wirkung des § 114a ZVG zwischen den Vertragsparteien einer Ausfallverhütungsgarantie wirksam abbedungen werden. Bei einer derartigen Vereinbarung kommt die 7/10-Fiktion dem Sicherungsgeber dann nicht zugute.

Fraglich ist bei einem Ausschluss eines unter das AGBG fallenden Vertrages jedoch die Vereinbarkeit mit § 9 AGBG. Da § 114a ZVG seine Schutzfunktion, wie festgestellt, gerade auch für den Sicherungsgeber einer Ausfallverhütungsgarantie entfaltet, stellt eine derartige Klausel – die genau diese Schutzfunktion aufhebt – eine Abweichung von einer gesetzlichen Regelung dar. Nach § 9 Abs. 2 Nr. 1 AGBG ist eine Vertragsklausel im Zweifel unwirksam, wenn von wesentlichen Grundgedanken einer gesetzlichen Regelung abgewichen wird. Die Wirkung des § 114a ZVG wird hier sogar gänzlich aufgehoben, eine wesentliche Abweichung liegt demnach vor. Zu beachten ist jedoch, dass eine solche Abweichung nur im Zweifel eine unangemessene Bedingung ist. § 9 Abs. 2 AGBG stellt lediglich Regelbeispiele auf.[247] Widerlegt ist die vermutete Unwirksamkeit der Vertragsklausel, wenn die Gesamtwürdigung aller Umstände ergibt, dass die Klausel den Vertragspartner des Verwenders der AGB nicht unangemessen benachteiligt[248].

Bei der demnach notwendigen Gesamtwürdigung ist zu berücksichtigen, dass der Sicherungsgeber und der Eigentümer des haftenden Grundstücks durch den Ausschluss der Wirkung des § 114a ZVG nicht nur Nachteile erleiden. Es ist oben[249] bereits darauf hingewiesen worden, dass die Regelung des § 114a ZVG dazu führen kann, dass zu Lasten des Eigentümers und möglicherweise auch des Sicherungsgebers in der Zwangsversteigerung gar keine oder nur sehr niedrige Gebote abgegeben werden. Ein Ausschluss der Anwendbarkeit des § 114a ZVG verhindert diese Auswirkungen. Demnach hat der Ausschluss auch für den Sicherungsgeber Vorteile. Folglich lässt sich der Ausschluss gerade nicht mehr als unangemessenen Benachteiligung einstufen. Ein Verstoß gegen § 9 AGBG ist also zu verneinen.

---

244 Muth, Zwangsversteigerungspraxis, S. 313.
245 So ähnlich denn auch Muth, Zwangsversteigerungspraxis, S. 313.
246 A.A. etwa Steiner (Eickmann), § 114a ZVG Rn. 20.
247 Vgl. etwa Palandt(Heinrichs), AGBG 9 Rn. 17.
248 Palandt(Heinrichs), AGBG 9 Rn. 17.
249 Seite 86.

Somit ist ein Ausschluss der Wirkung des § 114a ZVG auch unter dem Anwendungsbereich des AGBG möglich.

J. Nichtiger Vertragsschluss und Gegenrechte des Sicherungsgeber aus c.i.c.

Die Frage der Sittenwidrigkeit des Vertrages besitzt bei der Ausfallverhütungsgarantie, anders als bei der strengen Ausbietungsgarantie,[250] keine besondere Bedeutung. Hinzuweisen ist hier jedoch auf die allgemeinen Möglichkeiten der Sittenwidrigkeit eines solchen Vertrages.

I. Verstoß gegen § 138 Abs. 1 BGB

Wie jeder andere Vertrag kann auch eine Ausfallverhütungsgarantie gemäß § 138 Abs. 1 BGB sittenwidrig und damit nichtig sein. Vor allem ist wie bei jeder Bürgschaft darauf zu achten, ob eine strukturelle Unterlegenheit des Bürgen vorliegt und für ihn eine nicht hinnehmbare Belastung begründet wird.[251] Dies wird bei den in der Praxis vorwiegend anzutreffenden Konstellationen einer langfristigen Ausrichtung, wo der Sicherungsgeber nahezu durchgängig eine juristische Person ist, jedoch nur selten vorkommen.

In vielen der abgeschlossenen Verträge finden sich jedoch Formulierungen wie:

„Der Sicherungsnehmer ist nicht gehindert, mit anderen Personen identische oder ähnliche Verträge abzuschließen. Sofern dies geschieht, haften die Verpflichteten als Gesamtschuldner."

Kontrovers wird die Zulässigkeit einer derartigen Vereinbarung bei der strengen Ausbietungsgarantie diskutiert.[252]
Bei der Ausfallverhütungsgarantie hat diese Frage demgegenüber keine Bedeutung. Durch den Abschluss weiterer Vereinbarungen wird die Rechtsstellung des Sicherungsgebers nicht beeinträchtigt.[253] Im Gegenteil, sein persönliches Haftungsrisiko wird durch das Hinzutreten weiterer Sicherungsgeber gesenkt. Selbst ohne eine entsprechende Klausel spricht daher nichts gegen den Abschluss weiterer Ausfallverhütungsgarantien. Die gesamtschuldnerische Haftung aller Sicherungsgeber ergibt sich dann aus § 769 BGB.

---

250 Dazu unten Seite 116 ff.
251 Dazu: BVerfG NJW 1994, 2749.
252 Dazu unten Seite 117 f.
253 Hennings, S. 31.

Zu beachten ist bei der Beteiligung mehrerer Sicherungsgeber indes, dass sich durch die gesamtschuldnerische Haftung die wirtschaftliche Situation verändert. Die Abgabe eines Gebotes in der Zwangsversteigerung wird nur noch in deutlich eingeschränkterem Maße wirtschaftlich sinnvoll sein.[254] Schließlich verhindert ein das gesicherte Recht deckendes Gebot einen Ausfall des Sicherungsnehmers, so dass es gar nicht zur gesamtschuldnerischen Haftung und damit zu einer Beteiligung der übrigen Sicherungsgeber am wirtschaftlichen Verlust kommen kann. Aus dieser besonderen Interessenlage bei der gesamtschuldnerischen Haftung ist eine Pflicht des Sicherungsnehmers abzuleiten, jeden einzelnen seiner Vertragspartner über das Vorhandensein weiterer Sicherungsgeber zu informieren.

II. Anfechtbarkeit der Vereinbarung

Bei der kurzfristigen Ausrichtung eines Vertrages – also bei Abschluss der Vereinbarung unmittelbar vor einer bevorstehenden oder bereits beantragten Zwangsversteigerung – könnte die Frage nach einer etwaigen Anfechtbarkeit allerdings besondere Bedeutung erlangen. Hier ist insbesondere zu beachten, dass die Übernahme der Verpflichtung nicht mehr den Sinn haben kann, den Sicherungsnehmer zur Gewährung eines Darlehens zu bringen. Im Gegenteil ist in diesen Fällen das gegebene Darlehen bereits notleidend und eine Verwertung der Sicherheit durch die Zwangsversteigerung des haftenden Grundstücks steht unmittelbar bevor oder ist sogar bereits eingeleitet. Der Sicherungsgeber erlangt aber weder für sich selbst noch für einen Dritten durch die Übernahme der Verpflichtung eine rechtlich oder wirtschaftlich vorteilhafte Position. Schließlich wird die Zwangsversteigerung ohnehin durchgeführt. An dieser Zwangsversteigerung kann der Sicherungsgeber auch ohne irgendwelche vorherigen Verpflichtungen teilnehmen. Daher ist näher zu hinterfragen, warum der Sicherungsgeber noch die Bürgschaft übernommen hat. Oftmals wird sich eine Begründung in der Zusage von Gegenleistungen für den am Erwerb des Grundstücks interessierten Sicherungsgeber durch den Sicherungsnehmer finden lassen. Hier dient die Bürgschaft aber in besonderer Weise den Interessen des Sicherungsgebers. Daher ist es in einem solchen Fall stets notwendig, besonders darauf zu achten, ob möglicherweise eine arglistige Täuschung des Sicherungsgebers über die Bedeutung des Vertrages i.S.des § 123 Abs. 1 BGB vorliegt.[255]

---

254 Zum grundsätzlichen ökonomischen Sinn der Abgabe eines Gebotes durch den Sicherungsgeber, oben Seite 41 f.

255 Eingehend zu den Voraussetzungen des § 123 BGB von Lübtow, FS Bartholomeyczik, S. 255 ff.

III. Gegenansprüche des Sicherungsgebers aus c.i.c

Aber selbst wenn die Sittenwidrigkeit der Vereinbarung zu verneinen ist, stellt sich die Frage, ob im Einzelfall eine Minderung des Anspruches des Sicherungsnehmers nach den Regeln der culpa in contrahendo (c.i.c) in Betracht kommt,[256] vor allem dann, wenn der Sicherungsnehmer die Bedeutung des Vertrages bagatellisiert hat.[257] Auch insoweit ergeben sich bei der Ausfallverhütungsgarantie indes keine Besonderheiten zu sonstigen Bürgschaften.[258]

K. Erfüllung der Verpflichtung

Der Sicherungsgeber hat dem Sicherungsnehmer zugesagt, dass dieser keinen Ausfall an Kapital, Zinsen, Kosten und sonstigen Nebenleistungen erleiden wird. Dies soll dadurch geschehen, dass der Sicherungsgeber gegebenenfalls eine entsprechende Entschädigung zahlen wird. Es stellt sich die Frage, wann tatsächlich der beschriebene Ausfall und damit die Zahlungspflicht eintritt. Dabei sind verschiedene Fallkonstellationen zu unterscheiden.

I. Gesichertes Recht liegt innerhalb des geringsten Gebots

1. Situation vor der Zuschlagserteilung

Liegt das gesicherte Recht innerhalb des geringsten Gebotes, so ist fraglich, ob der Sicherungsgeber seine Verpflichtung vor der Zuschlagserteilung dadurch erfüllen kann, dass er diese schlicht verhindert. Denkbar ist dies auf zwei Wegen.

Zum einen durch Einwirken auf den betreibenden Gläubiger. Dies kann dadurch geschehen, dass dieser bewogen wird, seinen Versteigerungsantrag zurückzunehmen, sodass nach § 29 ZVG das Verfahren aufgehoben wird.[259]

Die andere Möglichkeit für den Sicherungsgeber, die Zuschlagserteilung zu verhindern, ist die Einwirkung auf bietungswillige Dritte, sodass überhaupt kein Gebot in der Zwangsversteigerung abgegeben wird und es nach § 77 ZVG zur Verfahrenseinstellung kommt.

---

256 Sehr eingehend und kritisch zu einer solchen Möglichkeit bei einer Bürgschaft: Medicus, Gefahren JuS 1999, 833 ff., insbesondere S. 838.

257 Siehe dazu: Staudinger(Horn), § 765 Rn. 184.

258 Vgl. insoweit den derzeitigen Stand in Rechtsprechung und Literatur bei Medicus, Gefahren JuS 1999, 833 ff.

259 Diese Möglichkeit hat bereits Stillschweig, Ausbietungsgarantie JW 1914, 336 angesprochen. Aus der heutigen Literatur: Zeller/Stöber, § 71 Anm. 8.5.

Unstrittig ist, dass der Sicherungsgeber so vorgehen darf und weder durch die Einwirkung auf einen betreibenden Gläubiger noch durch Einwirkung auf mögliche Bieter Pflichten aus der Ausfallverhütungsgarantie verletzt. Schließlich bleibt das gesicherte Recht ohne Zuschlagserteilung unverändert bestehen.

Umstritten ist hingegen, ob der Sicherungsgeber bereits durch die Verhinderung der Zuschlagserteilung seine vertraglichen Verpflichtung erfüllt. Dies wird zumindest teilweise bejaht,[260] um sodann zu fragen, ob die Verpflichtung dennoch weiterbestehen kann.[261] Ganz abgesehen davon, dass hierbei nicht herausgearbeitet wird, ob die Verhinderung der Zuschlagserteilung überhaupt Erfüllung eines Vertrages sein kann, der einen Forderungsausfall verhindern will,[262] kann die Verhinderung der Zuschlagserteilung jedenfalls nicht die Erfüllung einer Bürgschaftsverbindlichkeit sein.
Die von den Parteien bei jeder Bürgschaft mit ihrer Vereinbarung hergestellte Akzessorietät zwischen dem Anspruch aus der Bürgschaft und dem Anspruch aus der Hauptforderung gebietet es, dass die Sicherung mittels eines gleichartigen Anspruches erfolgt.[263] Gesichert wird der (dingliche) Zahlungsanspruch aus der Hypothek oder Grundschuld. Folglich muss die Sicherung gleichfalls durch einen Zahlungsanspruch erfolgen. Erfüllung kann also auch nur durch Zahlung erfolgen.

Dies ist auch eine wirtschaftlich sinnvolle Folge der Vereinbarung einer Bürgschaft. Denn das Interesse des Sicherungsnehmers geht (bei einem Geldanspruch) gerade dahin, sein Geld im Falle der Zahlungsunfähigkeit des Hauptschuldners auf jeden Fall zu erhalten. Dieser Zweck der Vereinbarung würde unterlaufen, wenn der Sicherungsgeber bereits durch die Verhinderung der Zwangsversteigerung seine Verpflichtung erfüllte. Allein deshalb kann die Verhinderung der Zwangsversteigerung niemals Erfüllung der Verbindlichkeit aus der Ausfallverhütungsgarantie sein. Der Anspruch besteht also auch nach einer verhinderten Zwangsversteigerung fort.

---

260 Hennings, S. 27; Droste MittRhNotK 1995, 45.

261 Droste MittRhNotK 1995, 45.

262 Der Wortlaut der Vereinbarung wird bereits reichlich gedehnt, wenn man die Zusage des Sicherungsgebers, dafür zu sorgen, dass dem Sicherungsnehmer in der Zwangsversteigerung kein Ausfall entsteht, so versteht, dass dies auch dadurch geschehen kann, dass der erfolgreiche Abschluss der Zwangsversteigerung verhindert wird. Zudem ist es aber auch gerade der Zweck der Vereinbarung, den wirtschaftlichen Wert des gesicherten Rechtes zu stützen. Wie hoch dieser Wert tatsächlich ist und in welcher Höhe eine solche Stützung notwendig ist, lässt sich doch erst nach einer Zuschlagserteilung bestimmen. Demnach kann auch erst nach der Zuschlagserteilung eine Erfüllung der Verpflichtung erfolgen.

263 Hadding/Häuser/Welter, S. 600.

2. Situation nach der Zuschlagserteilung

Betreibt ein nachrangiger Gläubiger die Zwangsversteigerung und liegt das durch die Ausfallverhütungsgarantie gesicherte Recht im geringsten Gebot, so bleibt das Recht gemäß §§ 44 Abs. 1 S. 2, 52 Abs. 1 ZVG bestehen. Hier kann zunächst gar kein Ausfall entstehen.[264]

Zweifelhaft ist jedoch, wie es sich verhält, wenn ein Dritter das Grundstück ersteigert und dieser Ersteher seine Verpflichtung zur Zahlung des Bargebotes im Verteilungstermin nicht erfüllt, sodass es nach §§ 118, 128 ZVG zu einer Wiederversteigerung kommt. Dann stellt sich die Frage, ob die Verpflichtung des Sicherungsgebers bereits durch den Zuschlag im ersten Versteigerungsverfahren erloschen ist oder nicht. Da das gesicherte Recht weiterbesteht, ergibt sich unter dem Gesichtspunkt der Akzessorietät kein Problem.[265] Unproblematisch ist das Ganze auch dann, wenn die Parteien eine entsprechende Vereinbarung getroffen haben. Eine solche dürfte etwa wie folgt lauten:

> *„Die Garantie gilt für sämtliche Zwangsversteigerungsverfahren, solange die Grundschuld (Hypothek) besteht. Sie gilt auch für den Fall, dass ein Ersteher im Verteilungsverfahren seiner Barzahlungspflicht nicht nachkommt, sodass eine Wiederversteigerung des Grundstücks durchgeführt wird.“*

Fehlt es jedoch an einer derartigen eindeutigen Vereinbarung, so wird teilweise davon ausgegangen, dass der (mutmaßliche) Wille der Vertragsparteien darauf gerichtet sei, die Verpflichtung auf das erste Zwangsversteigerungsverfahren zu beschränken.[266] Die Bürgschaft wäre demnach beschränkt bis zur Erteilung des Zuschlages in einem Zwangsversteigerungsverfahren gewährt.

Eine solche Beschränkung erscheint mit Blick auf den Zweck der Vereinbarung zweifelhaft. Durch die Bürgschaft soll der wirtschaftliche Wert des Grundstücks gesichert werden. Solange nicht sichergestellt ist, dass der Sicherungsnehmer rein tatsächlich keinen Ausfall erlitten hat, besteht diese Notwendigkeit zur Sicherung nach wie vor.[267]

Zu beachten ist dabei jedoch, dass der Schuldner des Rechtes an dem Grundstück nicht mehr der alte Gläubiger, sondern der Ersteigerer ist. Mit Zuschlagserteilung hat dieser gemäß § 90 ZVG Eigentum erworben. Eine Wieder-

---

264 Hennings, S. 22 m.w.N.

265 Denn die für die Bürgschaft notwendige Akzessorietät in Bestand, Umfang und Entstehung (dazu oben, Seite 47 f.) bleibt bestehen.

266 Kuth, S. 25; Werkmeister, S. 22; Steiner(Storz), § 66 Rn. 31.

267 Mit dem Zweck der Vereinbarung wird denn auch bei Dassler/ Schiffhauer/Gerhardt/Muth(Gerhardt), § 66 Rn. 20 argumentiert.

versteigerung in dem Sinn, dass sich das Verfahren gegen den bisherigen Eigentümer richtet, kennt das Gesetz nicht.[268]

Daher stellt sich auch hier die Frage, ob die Verpflichtung nicht analog zu § 418 Abs. 1 S. 1 BGB, der ein Erlöschen der Bürgschaft für den Fall einer vertraglichen Schuldübernahme der Hauptforderung anordnet, wegfällt. Es wurde bereits oben darauf hingewiesen, dass § 418 Abs. 1 S. 1 BGB dem Umstand Rechnung trägt, dass die Leistungsfähigkeit des Hauptschuldners maßgeblich das Risiko des Bürgen bestimmt.[269] Eine gleich hohe Bedeutung hat die Person des Eigentümers für den Sicherungsgeber aber gerade nicht, da sein Haftungsrisiko entscheidend durch den Wert des haftenden Grundstücks bestimmt wird. Dieser ist aber unabhängig von der Person des Eigentümers. Auch im Falle des Eigentümerwechsels im Rahmen der durchgeführten Zwangsversteigerung kommt eine Anwendung des § 418 Abs. 1 S. 1 Abs. 1 BGB daher nicht in Betracht. Die Ausfallverhütungsgarantie gilt ohne anderslautende Vereinbarung durch die Parteien also auch für eine etwaig durchzuführende Wiederversteigerung.

II. Gesichertes Recht liegt außerhalb des geringsten Gebotes

1. Situation vor der Zuschlagserteilung

Auch in dem Fall, dass das gesicherte Recht außerhalb des geringsten Gebotes liegt, ist der Sicherungsgeber solange nicht daran gehindert, die erfolgreiche Durchführung der Zwangsversteigerung zu verhindern, wie diese nicht vom Sicherungsnehmer selbst betrieben wird. Denn wenn der Sicherungsnehmer keine Veranlassung sieht, selbst die Zwangsversteigerung zu betreiben oder ihr beizutreten, dann kann er auch kein berechtigtes Interesse an der Fortdauer des Verfahrens bis zur Zuschlagserteilung haben.[270]

Betreibt der Sicherungsnehmer hingegen die Zwangsversteigerung, so erscheint es zweifelhaft, ob der Sicherungsgeber nun noch die erfolgreiche Durchführung der Zwangsversteigerung verhindern darf. Auf den ersten Blick ließe sich zwar daran denken, dass dem Sicherungsnehmer durch dieses Verhalten gar kein Schaden entstehen kann. Schließlich behält er seine Hypothek oder Grundschuld.

Dagegen ist allerdings festzustellen, dass der Sicherungsnehmer diese gerade nicht mehr behalten will. Vielmehr will er dessen wirtschaftlichen Wert realisieren. In dieser Situation stellt es sich als eine positive Vertragsverletzung des

268 Dassler/Schiffhauer/Gerhardt/Muth(Schiffhauer), § 118 Rn. 25.

269 Palandt(Heinrichs), § 418 Rn. 1.

270 MünchVertragshandbuch(Hagena/Langenfeld), X 10 Anm. 7 (S. 298.).

Sicherungsgebers dar, wenn er – der sich gerade zur Stützung dieses wirtschaftlichen Wertes verpflichtet hat – genau diese Realisierung verhindert.

Allerdings wird ein Schaden des Sicherungsnehmers kaum nachzuweisen sein. Schließlich ist er nach wie vor Gläubiger des gesicherten Rechtes. Dieses Recht hat seinen wirtschaftlichen Wert durch die gescheiterte Zwangsversteigerung nicht verändert.

2. Situation nach der Zuschlagserteilung

Kommt es hingegen zur erfolgreichen Durchführung der Zwangsversteigerung und liegt das gesicherte Recht außerhalb des geringsten Gebotes, so erlischt es mit Zuschlagserteilung gemäß § 52 Abs. 1 S. 2 ZVG. Kommt der Ersteigerer seinen Verpflichtungen nach, so lässt sich der Ausfall des Sicherungsnehmers ohne weiteres durch die Gegenüberstellung des dem Sicherungsnehmer zufließenden Erlöses aus der Versteigerung und der Höhe des gesicherten Rechtes feststellen. Diesen Ausfall hat der Sicherungsgeber zu ersetzen.

Problematisch wird die Situation jedoch dann, wenn der Ersteigerer im Verteilungstermin sein Bargebot nicht entrichtet. Der Teilungsplan wird gemäß § 118 Abs. 1 S.1 ZVG dann in der Weise durchgeführt, dass die Forderung gegen den Ersteher vom Vollstreckungsgericht auf die Berechtigten übertragen wird. Anstelle der Auszahlung des Geldes erhält dieser die Forderung gegen den Ersteigerer übertragen,[271] für die gemäß § 128 Abs. 1 S. 1 ZVG eine Sicherungshypothek eingetragen wird. Für das ursprünglich durch die Ausfallverhütungsgarantie gesicherte Recht verbleibt es dabei, dass dieses nach § 52 Abs. 1 S. 2 ZVG untergegangen ist.

Gemäß der (von den Parteien vereinbarten) Akzessorietät in der Auflösung nach §§ 765 Abs. 1, 767 S. 1 BGB, ist damit auch die Ausfallverhütungsgarantie erloschen. Ein unmittelbares Erstrecken der Bürgschaft auf die Sicherungshypothek ist nicht möglich.[272]

Üblich ist es jedoch, dass die Parteien eine diesen Fall regelnde Vereinbarung in ihren Vertrag aufnehmen, die etwa wie folgt lautet:

> *„Die Ausfallverhütungsgarantie gilt auch dann, wenn ein Ersteher seine Verpflichtung im Verteilungsverfahren nicht erfüllt und eine Wiederver-*

---

271 Brox/Walker, ZwangsvollstreckungsR, Rn. 961.

272 Es kann also gerade nicht auf den Zweck der Vereinbarung abgestellt werden. Dies machen aber: Hennings, S. 25 und Kuth, S. 25. Ähnlich auch Werkmeister, S. 24 f., der zwar ein Erlöschen der ursprünglich gesicherten Forderung bejaht, diese aber für eine Wiederversteigerung wieder aufleben lassen will.

steigerung aus einer Sicherungshypothek gemäß §§ 118, 128, 132, 133 ZVG durchgeführt wird.“

Problematisch ist bei dieser Vereinbarung die Tatsache, dass diese Formulierung eine Weitergeltung der Ausfallverhütungsgarantie nach dem Erlöschen des eigentlich gesicherten Rechtes anzudeuten scheint. Dies ist bei der von den Parteien gewollten akzessorischen Sicherung aber gar nicht möglich.[273] Jedoch lässt sich diese Formulierung auch anders verstehen, nämlich in dem Sinne, dass die Parteien zusätzlich zu der Ausfallverhütungsgarantie für die Hypothek oder Grundschuld auch noch eine Ausfallverhütungsgarantie für eine im Verteilungsverfahren entstehende Sicherungshypothek vereinbart haben. Die Übernahme einer Bürgschaft für eine zukünftige Verbindlichkeit ist gemäß § 765 Abs. 2 BGB möglich. Hinreichend bestimmt ist diese als „Nachfolgerin“ des ursprünglich gesicherten Rechtes.[274] So verstanden ist die Vereinbarung eine zusätzlich vereinbarte Ausfallverhütungsgarantie mit demselben Inhalt wie die ursprüngliche. Allerdings wirkt diese Ausfallverhütungsgarantie dann zugunsten eines anderen Rechtes. Eindeutiger wäre statt der oben genannten Formulierung aber die folgende:

„Die Parteien vereinbaren zusätzlich für den Fall, dass ein Ersteigerer des Grundstücks seiner Barzahlungspflicht im Verteilungsverfahren nicht nachkommt, eine Ausfallverhütungsgarantie auch für eine dann gemäß § 128 Abs. 1 S. 1 ZVG einzutragende Sicherungshypothek mit demselben Wortlaut wie die hier getroffene Vereinbarung.“

L. Rückgriff des haftenden Sicherungsgebers

Es findet sich in den Verträgen meist eine Vereinbarung darüber, dass der Sicherungsgeber nur gegen Abtretung der Forderung aus der Hypothek oder Sicherungsgrundschuld zur Zahlung verpflichtet ist. Mit der Forderung kann dabei bei wirtschaftlicher Betrachtung nicht die dingliche Forderung aus der Hypothek oder Grundschuld gemeint sein, denn diese hat nunmehr gar keinen Haftungsgegenstand, ist mithin wertlos. Ihre Abtretung wäre sinnlos. Gemeint ist vielmehr die durch die Hypothek oder Sicherungsgrundschuld gesicherte persönliche Forderung des Sicherungsnehmers.

Fehlt es an einer solchen Vereinbarung, so fragt es sich, ob der gesetzliche Forderungsübergang des § 774 Abs. 1 BGB greift. Da hier von einer Bürgschaft

---

273 Siehe dazu oben, Seite 48 f.

274 Zu den Voraussetzungen der Bestimmtheit siehe etwa Staudinger (Horn), § 765 Rn. 32 ff.

ausgegangen wird, erscheint es naheliegend, diese Frage zu bejahen. § 774 Abs. 1 BGB meint jedoch den Übergang der durch die Bürgschaft gesicherten Forderung.[275]

Gesichert ist hier aber die dingliche Forderung aus der Hypothek oder Grundschuld und eben nicht die persönliche Forderung. Die Übertragung des dinglichen Anspruches ist aber wirtschaftlich unsinnig. Auch an dieser Stelle ist jedoch erneut zu beachten, dass der Gesetzgeber bei der Schaffung der Bürgschaftsregeln lediglich die Sicherung von schuldrechtlichen Forderungen vor Augen hatte. Die wirtschaftliche Interessenlage bei der Befriedigung eines schuldrechtlichen Anspruches ist gleich der bei der Befriedigung eines dinglichen Anspruches. Auch der Bürge der dinglichen Forderung hat dadurch, dass er dem Bürgschaftsnehmer den nicht realisierten Teil des gesicherten Anspruches zahlte, dafür gesorgt, dass dieser wirtschaftlich so dasteht, als sei er durch seinen Hauptschuldner befriedigt worden. Daher kommt es durch analoge Anwendung des § 774 Abs. 1 BGB bei der Zahlung durch den Sicherungsgeber der Ausfallverhütungsgarantie zu einem Übergang des Anspruches des Sicherungsnehmers gegen den Schuldner der durch die Hypothek oder Sicherungsgrundschuld gesicherten persönlichen Forderung.

M. Anwendbarkeit der gefundenen Ergebnisse auf die sogenannten unselbständigen Ausfallverhütungsgarantien

I. Abgrenzung von selbständiger und unselbständiger Ausfallverhütungsgarantie

In der Literatur wurde seit jeher angesprochen, dass die unselbständige Ausfallverhütungsgarantie nicht nach den Regeln der selbständigen Ausfallverhütungsgarantie zu behandeln sei.[276] Es wird dann festgestellt, dass die Ausfallverhütungsgarantie in einem solchen Fall keine selbständige Bedeutung habe,[277] sondern sich die rechtlichen Regeln des Hauptvertrages auch auf die Ausfallverhütungsgarantie erstreckten.[278] Allerdings wird niemals darauf eingegangen, was daraus konkret für die Handhabung der entsprechenden Verträge folgt.

275 Fikentscher, Rn 1005.

276 Oertmann DJZ 1919, 231.

277 Droste MittRhNotK 1995, 39.

278 Pikalo, S. 47; Eubel, S. 12 f., der denn auch seine weitere Untersuchung auf die selbständigen Verträge beschränkt.

Oben[279] sind bereits Beispiele für unselbständige Verträge gegeben worden. Es herrscht aber keine Einigkeit darüber, welche Verträge genau als unselbständige Ausfallverhütungsgarantien angesehen werden. So nennt Stillschweig nur die Bürgschaftsübernahme durch den Zedenten der gesicherten Hypothek oder Grundschuld.[280] Hennings erfasst zudem auch Fälle der Sicherung durch den Käufer des haftenden Grundstücks,[281] während Droste daneben auch noch Fälle der Bürgschaftsübernahme durch den Verkäufer des haftenden Grundstücks erfasst.[282]

Den drei geschilderten Fallgruppen ist gemeinsam, dass der Sicherungsgeber neben der Ausfallverhütungsgarantie ein weiteres Geschäft abschließt, nämlich ein solches über das Grundstück oder über ein Recht an dem Grundstück. Da dies die drei Fallgruppen verbindet, ist es auch sachgerecht, sie alle als eine besondere Gruppe von Ausfallverhütungsgarantien zusammenzufassen. Unter einer unselbständigen Ausfallverhütungsgarantie ist demnach jeder Vertrag zu verstehen, bei dem Anlass für den Abschluss der Ausfallverhütungsgarantie ein anderes Geschäft des Sicherungsgebers über das Grundstück oder über ein Recht an dem Grundstück ist.[283]

Fraglich bleibt, ob diese Fallkonstellationen rechtlich anders zu behandeln sind als die Fälle, in denen die Bürgschaft durch jemanden übernommen wird, der keinerlei Beziehung zu dem haftenden Grundstück aufweist. Zum besseren Verständnis der Problematik sollen zunächst einige Beispielsfälle für die verschiedenen Konstellationen dargestellt werden:

II. Beispielsfälle für die als unselbständige Ausfallverhütungsgarantien bezeichneten Verträge

1. Übernahme der Verpflichtung durch den Zedenten der gesicherten Hypothek oder Grundschuld[284]

Der Sicherungsgeber verkaufte und übertrug dem Sicherungsnehmer eine Hypothek, die auf dem Grundstück des E lastet. Zudem übernahm er eine Ausfallverhütungsgarantie.

279 Seite 23 f.
280 Stillschweig, Ausbietungsgarantie JW 1914, 334.
281 Hennings, S. 13 f.
282 Droste MittRhNotK 1995, 39.
283 Vgl. Droste MittRhNotK 1995, 39.
284 Vgl. Stillschweig, Ausbietungsgarantie, JW 1914, 334.

2. Übernahme der Verpflichtung durch den Käufer des haftenden Grundstücks[285]

Die Sicherungsgeberin erwarb vom Sicherungsnehmer ein Grundstück. Dabei stundete der Sicherungsnehmer den Restkaufpreis. Für diesen Restkaufpreis bestellte die Sicherungsgeberin dem Sicherungsnehmer eine Restkaufgeldhypothek und übernahm zudem eine Ausfallverhütungsgarantie für die Hypothek. Diese sollte dem Sicherungsnehmer auch Sicherheit für den Fall der beabsichtigen Weiterveräußerung des Grundstücks bieten.

3. Übernahme der Verpflichtung durch den Verkäufer des haftenden Grundstücks gegenüber dem Kreditgeber des Käufers[286]

Die Sicherungsgeberin verkauft an K ein Grundstück. K soll dabei eine durch eine Sicherungsgrundschuld gesicherte Darlehensverbindlichkeit gegenüber der Sicherungsnehmerin(Gläubigerin) übernehmen. Die Sicherungsnehmerin war nur dann mit der Schuldübernahme einverstanden, wenn die Sicherungsgeberin ihr gegenüber eine Ausfallverhütungsgarantie übernimmt. Daher haben die Sicherungsnehmerin und die Sicherungsgeberin einen entsprechenden Vertrag geschlossen.

III. Grundsätzlich eigenständige Bedeutung der Übernahme der Verpflichtung auch bei den sogenannten unselbständigen Ausfallverhütungsgarantien

Bei allen genannten Beispielen stellt sich die Frage, ob die Ausfallverhütungsgarantie in derartigen Fällen ebenso zu handhaben ist, wie dies bisher herausgearbeitet wurde, oder ob die aufgestellten Regeln hier nicht passen. Das Besondere dieser Fallkonstellationen ist, dass die Ausfallverhütungsgarantie im Zusammenhang mit einem anderen Geschäft des Sicherungsgebers abgeschlossen wird. Daraus könnte die Schlussfolgerung gezogen werden, dass die Ausfallverhütungsgarantie auch ein bloßer Teil des anderen Geschäftes ist und keine eigenständige Bedeutung besitzt.[287] Sofern dabei aber auf den eigentlichen Anlass für den Abschluss des Vertrages abgestellt wird,[288] trifft dies den entscheidenden Unterschied zu den selbständigen Verträgen nicht ganz. Denn

285 Angelehnt an RGZ 86, 280 ff.

286 Angelehnt an RGZ 72, 138 ff. Das Reichsgericht hat hier allerdings das Vorliegen einer Ausfallverhütungsgarantie gar nicht erwogen.

287 Droste MittRhNotk 1995, 39.

288 So Droste MittRhNotK 1995, 39.

Anlass für den Abschluss des Vertrages ist zumindest bei der langfristigen Ausrichtung einer Ausfallverhütungsgarantie auch sonst, dass dadurch der Abschluss eines anderen Vertrages ermöglicht werden soll, nämlich der Abschluss eines Darlehensvertrages. Genau darum werden Bürgschaften und Interzessionsgarantien im übrigen auch im sonstigen Rechtsverkehr in den allermeisten Fällen abgegeben. Dass Anlass für den Abschluss der Ausfallverhütungsgarantie ein anderer Vertrag ist, kann daher keinen Unterschied zwischen unselbständigen und selbständigen Verträgen begründen. Der Unterschied zwischen beiden liegt vielmehr darin, dass der Sicherungsgeber bei den geschilderten Fallgruppen selbst Vertragspartner des durch die Bürgschaft geförderten Vertrages wird. Im Fall 1 hätte der Sicherungsnehmer die Hypothek ohne die Bürgschaft nicht erworben, der Verkauf der Hypothek wäre für den Sicherungsgeber also nicht möglich gewesen. Im Fall 2 wäre der Restkaufpreis nicht gestundet worden und der Erwerb des Grundstücks wäre für die Sicherungsgeberin zumindest erschwert worden. Im Fall 3 hätte die Sicherungsgeberin ohne die Ausfallverhütungsgarantie keinen Kaufvertrag über das Grundstück schließen können.

Demgegenüber profitiert der Sicherungsgeber üblicherweise nicht derart direkt von der Ausfallverhütungsgarantie. Zwar wird er vielfach ein (zumindest mittelbares) Interesse am Zustandekommen des durch die Ausfallverhütungsgarantie geförderten Vertrages haben, er ist aber nicht Vertragspartner dieses Vertrages. Dennoch muss dieses unmittelbare eigene Interesse nicht bedeuten, dass damit die Ausfallverhütungsgarantie Teil des geförderten Vertrages wird.[289] Wenn der Sicherungsgeber ohnehin nahezu immer ein mittelbares Interesse an einem durch die Bürgschaftsübernahme ermöglichten Vertrag hat, kann es eigentlich keinen Unterschied machen, wenn er in den Fällen der unselbständigen Ausfallverhütungsgarantie ausnahmsweise unmittelbar an dem geförderten Vertrag beteiligt ist. In beiden Fällen will er den Abschluss eines weiteren schuldrechtlichen Vertrages ermöglichen. Die abgegebene Bürgschaft muss demnach auch nicht Teil des anderen Vertrages sein. Vielmehr ließe sich die Bürgschaft auch als Voraussetzung für den Abschluss des geförderten Vertrages verstehen.

Derartige Konstruktionen sind auch außerhalb des Bereichs der Ausfallverhütungsgarantie anzutreffen. So kann es sein, dass der Bürgschaftsnehmer dem Bürgen verspricht, dass er bei Abgabe der Bürgschaft eine Provision erhält.[290] Die Bürgschaft ist in derartigen Fällen gleichsam eingebettet in einen Austauschvertrag, durch den der Sicherungsnehmer sich verpflichtet, einen weiteren Vertrag mit dem Sicherungsgeber abzuschließen, wenn dieser die

289 So jedoch Eubel, S. 13.
290 Staudinger(Horn), § 765 Rn. 132.

Bürgschaft übernimmt. Die Verpflichtung aus dem übergeordneten Vertrag wird durch den Sicherungsnehmer mit dem Abschluss eines weiteren schuldrechtlichen Vertrages erfüllt. Die Verpflichtung des Sicherungsgebers wird durch den Abschluss des Bürgschaftsvertrages erfüllt. Erfüllt eine Seite ihre Verpflichtung aus dem übergeordneten Vertrag nicht, so hat die andere Seite die Rechte der §§ 320 ff. BGB. Die rechtliche Bedeutung der Bürgschaftsverpflichtung als solcher wird durch ihre Einbettung in einen Austauschvertrag jedoch nicht berührt.[291]

Auf die oben geschilderten Fallgestaltungen übertragen bedeutet dies:

Im Fall 3 hat die Sicherungsnehmerin im übergeordneten Vertrag die Verpflichtung zum Abschluss des Kaufvertrages über das Grundstück übernommen, die Sicherungsgeberin hat die Verpflichtung zum Abschluss der Ausfallverhütungsgarantie übernommen. Im Fall 2 hat die Sicherungsnehmerin im übergeordneten Vertrag die Verpflichtung zur Stundung des Restkaufpreises übernommen, und die Sicherungsgeberin hat auch hier die Verpflichtung zum Abschluss der Ausfallverhütungsgarantie übernommen. Demnach ist die Ausfallverhütungsgarantie in diesen Fällen eingebettet in ein übergeordnetes Verpflichtungsgeschäft. Ihre rechtliche Selbständigkeit berührt dies jedoch nicht.

Folglich ist die Ausfallverhütungsgarantie als solche grundsätzlich auch als sogenannte unselbständige Verpflichtung nach den bisher aufgestellten Regeln zu behandeln.

IV. Notwendigkeit einer abweichenden Beurteilung bei der Gewährsübernahme durch den Zedenten einer Hypothek oder Grundschuld

Zweifelhaft ist diese Einschätzung nur in Fällen wie dem unter 1 dargestellten Fall einer Gewährsübernahme des Zedenten einer Hypothek oder Grundschuld gegenüber dem Zessionar.

Zwar ließe sich auch hier ein übergeordneter Vertrag bejahen. In diesem würde der Zessionar(Sicherungsnehmer) die Vereinbarung der Zession für den Fall zusagen, dass der Zedent (Sicherungsgeber) mit ihm eine Ausfallverhütungsgarantie abschließt.

Allerdings ist es auch vorstellbar, dass es der Ausfallverhütungsgarantie in diesen Fällen tatsächlich an eigenständiger Bedeutung fehlt. Schließlich könnte man den Vertrag als bloße Verstärkung der Rechte aus § 437 Abs. 1 BGB inter-

291 Staudinger(Horn), § 765 Rn. 135 mit Nachweisen zur älteren Literatur. Angesprochen wird dies auch in RG JW 1911, 540.

pretieren.[292] Demnach wäre eine solche Vereinbarung dann im Sinne des § 438 BGB eine kaufrechtliche Verbindlichkeit und eben keine Bürgschaft.[293]

Zu beachten ist dabei allerdings, dass § 438 BGB sich nach seinem Wortlaut auf die Zahlungsfähigkeit des Schuldners bezieht. Die Norm setzt also einen Zahlungsanspruch voraus. Nun geben nach der hier vertretenen Ansicht[294] die Hypothek und Grundschuld einen Anspruch auf Zahlung aus dem Grundstück. Mithin könnte die Verpflichtung aus der Ausfallverhütungsgarantie in der Tat in der beschriebenen Fallkonstellation eine Verbindlichkeit i.S.des § 438 BGB darstellen.[295]

Für die Anwendung dieser Vorschrift spricht, dass der Gesetzgeber überhaupt eine besondere Regelung für die Übernahme der Haftung des Verkäufers einer Forderung geschaffen hat. Denn dies zeigt, dass das Gesetz bei dem Verkauf einer Forderung grundsätzlich alle auftauchenden Fragen einheitlich nach den Regeln des Kaufrechtes behandeln will, im Zweifel also eine Regelung i.S.des § 438 BGB vorliegt.

Eine gegenteilige Auslegung würde deshalb eine besondere Interessenlage voraussetzen. Diese könnte bei den Fällen der Übernahme einer Ausfallverhütungsgarantie jedoch gerade zu bejahen sein. Schließlich war oben[296] herausgearbeitet worden, dass die Parteien eines solchen Vertrages gerade eine auf die Hypothek oder Grundschuld beschränkte Sicherung wollen. Die durch das Recht an dem Grundstück gesicherte persönliche Forderung soll nicht Gegenstand ihrer Vereinbarung sein. So liegt es auch im Fall der Gewährsübernahme durch den Zedenten dieses Rechtes. Auch dort soll nicht die persönliche Forderung gesichert werden, sie wird von den Parteien gar nicht angesprochen. Folglich lässt sich auch hier die Überlegung anwenden, dass nur eine akzessorische Sicherung der Hypothek oder Grundschuld der Interessenlage der Parteien entspricht.[297] Damit erfüllt auch in diesem Fall der geschlossene Vertrag die Strukturmerkmale einer Bürgschaft. Ansprüche zwischen Bürgen und Hauptschuldner sind aber vom Gesetz gesondert geregelt worden; für die Anwendung der Regelungen der §§ 433 ff. BGB ist damit kein Raum.[298]

Somit ist auch der Fall der Übernahme einer Ausfallverhütungsgarantie durch den Zedenten einer Hypothek oder Grundschuld in gleicher Weise zu behandeln wie die übrigen Fälle von Ausfallverhütungsgarantien. Demnach weisen die

292 Hennings, S. 13.
293 Dazu Palandt(Putzo), § 438 Rn. 1.
294 Ausführlich oben, Seite 35 ff.
295 Analog wird die Regelung ohnehin auf Hypothek und Grundschuld angewandt. Vgl.: Palandt(Putzo), § 438 Rn. 1; Staudinger(Köhler), § 438 Rn. 3.
296 Seite 49.
297 Ausführlich zu dieser Argumentation: Oben, Seite 48 f.
298 Im Ergebnis bei Vorliegen einer Bürgschaft ebenso: Staudinger(Köhler), § 438 Rn. 4 ff.

unter der Bezeichnung unselbständige Ausfallverhütungsgarantien erfassten Verträge in ihrer rechtlichen Handhabung keine Besonderheiten auf.

N. Zusammenfassung der Ergebnisse

Durch eine sogenannte Ausfallverhütungsgarantie sichert der Sicherungsgeber eine Hypothek oder Sicherungsgrundschuld. Dies geschieht dadurch, dass der Sicherungsgeber dem Sicherungsnehmer zusagt, dass er keinen Ausfall bei einer Zwangsversteigerung des haftenden Grundstücks erleiden wird. Eine Verpflichtung zur Abgabe eines Gebotes in der Zwangsversteigerung übernimmt der Sicherungsgeber aber nicht. Vielmehr soll der Sicherungsnehmer durch eine entsprechende Geldzahlung schadlos gehalten werden.

Rechtlich sind Ausfallverhütungsgarantien als Ausfallbürgschaften zu qualifizieren. Bei einem derartigen Vertrag ist daher das Formerfordernis des § 766 BGB zu beachten. Nicht notwendig ist demgegenüber grundsätzlich eine notarielle Beurkundung des Vertrages, da es an der Voraussetzung der Erwerbsverpflichtung fehlt. Etwas anderes gilt jedoch dann, wenn der Vertrag für den Sicherungsgeber von vornherein so wirkt, dass nur noch die Abgabe eines Gebotes in der Zwangsversteigerung wirtschaftlich sinnvoll ist. Dann sind die Voraussetzungen des § 313 S. 1 BGB erfüllt und die notarielle Beurkundung des Vertrages ist notwendig. Sofern ein Minderjähriger die Verpflichtung übernimmt, ist gemäß §§ 1822 Nr. 10, 1643 Abs. 1 BGB eine vormundschaftsgerichtliche Genehmigung notwendig.

Bei einer Bilanzierung nach den Vorschriften des HGB ist die übernommene Verpflichtung vom Sicherungsgeber als Eventualverbindlichkeit zu vermerken.

Tritt der Gläubiger der Ausfallverhütungsgarantie das durch diese Verpflichtung gesicherte Recht an einen Dritten ab, so geht der Anspruch aus der Ausfallverhütungsgarantie gemäß § 401 BGB mit auf den neuen Gläubiger über.

Ein Wechsel in der Person des Eigentümers des für das gesicherte Recht haftenden Grundstücks hat keine Auswirkung auf die Ausfallverhütungsgarantie. § 418 Abs. 1 BGB ist nicht anwendbar. Dies gilt auch bei einem Wechsel in der Person des Schuldners der von der gesicherten Hypothek oder Grundschuld gesicherten persönlichen Forderung.

Bei der Bestimmung des Umfanges der konkreten Verpflichtung des Sicherungsgebers sind die §§ 249 ff. BGB unanwendbar. Im Einzelfall kann jedoch ein Verschulden des Sicherungsnehmers am entstandenen Ausfall nach der getroffenen Vereinbarung berücksichtigt werden. Zumeist wird sich der konkrete Anspruch des Sicherungsnehmers bereits durch die Auslegung der Vereinbarung genau bestimmen lassen.

Sofern das gesicherte Recht allerdings eine schlechtere Rangstelle erhält, entfällt die Verpflichtung des Sicherungsgebers. Diese Folge eines Rangrücktritts kann von den Vertragsparteien auch nicht ausgeschlossen werden.

Eine unverschuldete Unkenntnis des Sicherungsgebers vom Versteigerungstermin lässt die Verpflichtung nur unter besonderen Umständen entfallen.

Bei einer Ersteigerung des haftenden Grundstücks durch den Sicherungsnehmer wirkt die 7/10 Fiktion des § 114a ZVG zugunsten des Sicherungsgebers. Die Parteien können etwas Abweichendes vereinbaren. Eine derartige Vereinbarung verstößt nicht gegen § 9 AGBG.

Keine Besonderheiten gegenüber sonstigen Ausfallbürgschaften bestehen bei der Ausfallverhütungsgarantie für die Frage nach möglichen Nichtigkeitsgründen.

Solange der Sicherungsnehmer die Zwangsversteigerung nicht selbst betreibt oder ihr beigetreten ist, ist der Sicherungsgeber nicht gehindert, die erfolgreiche Durchführung der Zwangsversteigerung zu verhindern. Allerdings stellt dieses Verhalten unter keinen Umständen die Erfüllung seiner vertraglichen Verpflichtung dar. Die Verpflichtung des Sicherungsgebers besteht solange, wie das gesicherte Recht an dem haftenden Grundstück besteht. Ersteigert ein Dritter das Grundstück mit einem das gesicherte Recht deckenden Gebot, so erlischt mit der Zuschlagserteilung die Verpflichtung des Sicherungsgebers. Die Parteien können allerdings eine abweichende Vereinbarung treffen.

Ein Rückgriffsanspruch des leistenden Sicherungsgebers ergibt sich aus einer analogen Anwendung des § 774 Abs. 1 BGB.

Keine Besonderheit stellen sogenannte unselbständige Ausfallverhütungsgarantien dar. Sie unterliegen den gleichen Regeln wie jede andere Ausfallverhütungsgarantie.

Teil 2 Die strenge Ausbietungsgarantie

A. Formulierung des Vertrages und Art der Verpflichtung

Bevor die Einzelheiten der strengen Ausbietungsgarantie näher beleuchtet werden, soll, ebenso wie zuvor bei der Ausfallverhütungsgarantie, ein Blick auf den die Vereinbarung prägenden Teil des Vertrages geworfen werden. Die strenge Ausbietungsgarantie kann entweder den Sicherungsgeber zum vollständigen Ausbieten des Rechtes des Sicherungsnehmers verpflichten oder es kann die Abgabe eines Gebotes in bestimmter Höhe vereinbart sein. Dementsprechend lautet die Vereinbarung entweder[299]:

> *„A verpflichtet sich in der Zwangsversteigerung des haftenden Grundstücks ein Gebot in Höhe von ... abzugeben."*
>
> oder[300]
>
> *„A verpflichtet sich in der Zwangsversteigerung des haftenden Grundstücks ein Gebot abzugeben, das die Gesamtforderung der B-Bank aus der Grundschuld einschließlich Zinsen und sonstigen Nebenleistungen deckt."*

Demnach soll der Sicherungsgeber also aktiv an einer etwaigen Zwangsversteigerung des haftenden Grundstücks teilnehmen. Die primäre Leistungspflicht besteht nicht wie bei der Ausfallverhütungsgarantie im Ausgleich eines entstandenen Schadens, sondern in der Vornahme einer Handlung, nämlich in der Abgabe eines bestimmten Gebotes in der Zwangsversteigerung des haftenden Grundstücks.

B. Wirtschaftlicher Hintergrund

Die strenge Ausbietungsgarantie verfolgt aus Sicht des Sicherungsnehmers dabei zunächst einmal genau denselben Zweck wie eine Ausfallverhütungsgarantie. Es soll der Wert einer Hypothek oder Sicherungsgrundschuld gesichert werden. Die beiden Verträge unterscheiden sich jedoch durch mehr als durch die Art der Verpflichtung.

So ist in der überwiegenden Zahl der Fälle bei der strengen Ausbietungsgarantie der wirtschaftliche Hintergrund ein anderer. Während die Ausfallverhütungsgarantie üblicherweise langfristig ausgerichtet ist,[301] wird die strenge Ausbietungsgarantie zumeist dann abgeschlossen, wenn die Zwangsver-

---

299 Siehe hierzu Wurm/Wagner/Zartmann(Benthin), Muster 34o (S. 614 f.).

300 Vgl. hierzu die Formulierungen bei Hennings, S. 47 (Muster 4.2); Mohbutter/Drischler/Radtke/Tiedemann, Muster 103 (S. 521); MünchVertragshandbuch(Hagena/Langenfeld), Muster X 9 §§ 1 und 2 (S. 288); Beck'sches Formularhandbuch(Haag) § 1 Nr. 1 und Nr. 2 (S. 465 f.).

301 Siehe oben, Seite 27 f.

steigerung des haftenden Grundstücks unmittelbar bevorsteht oder bereits beantragt ist. Der Sicherungsgeber hat ein echtes Interesse am Erwerb des Grundstücks. Der Sicherungsnehmer erhält dann durch die strenge Ausbietungsgarantie die Sicherheit, dass in der Zwangsversteigerung ein seine Forderung deckendes Gebot abgegeben wird. Als Gegenleistung für die Gewährsübernahme gibt der Sicherungsnehmer (= der Gläubiger der Hypothek oder Grundschuld) zumeist bestimmte Zusagen ab. So kann er etwa einen für den Erwerbsinteressenten günstigeren Zinssatz für den zur Finanzierung notwendigen Realkredit anbieten. Oftmals wird er auch anbieten, die gesicherte Hypothek oder Grundschuld stehen zu lassen und auf die Stellung eines Bargebotes zu verzichten. Eine Sicherheit, das Grundstück auch tatsächlich zu erwerben, erhält der Sicherungsgeber freilich nicht, da es Dritten unbenommen ist, ihn in der Zwangsversteigerung zu überbieten.

Denkbar ist natürlich auch, dass eine strenge Ausbietungsgarantie zur langfristigen Sicherung einer Hypothek oder Sicherungsgrundschuld abgegeben wird, etwa um die Vergabe eines Darlehens an den Eigentümer des haftenden Grundstücks zu ermöglichen. Da aber nach ganz überwiegender Ansicht die Gewährsübernahme bei der strengen Ausbietungsgarantie eine bedingte Erwerbsverpflichtung i.S.des § 313 S. 1 BGB darstellt – folglich eine notarielle Beurkundung erforderlich ist –[302] und derselbe Sicherungszweck auch durch die Ausfallverhütungsgarantie erreicht werden kann, ist dies von einer geringeren praktischen Bedeutung.

Als langfristige Sicherung kann die strenge Ausbietungsgarantie vor allem dann interessant sein, wenn der Sicherungsgeber einer bilanzrechtlichen Vermerkverpflichtung i.S.des § 251 HGB entgehen will. Während nach allgemeiner Ansicht nämlich die Ausfallverhütungsgarantie in der Bilanz als Risikoverbindlichkeit auszuweisen ist,[303] wird eine derartige Verpflichtung bei einer strengen Ausbietungsgarantie ganz überwiegend verneint.[304]

302 Näher zu dieser Frage unten, Seite 109 ff.

303 Siehe etwa ADS, § 251 HGB Rn. 91; Beck'scher Bilanzkommentar(Ellrott), § 251 HGB Rn. 44.

304 Herfurth WPg 1977, 351; ADS, § 251 HGB Rn. 91; Beck'scher Bilanzkommentar(Ellrott), § 251 HGB Rn. 44; a.A. lediglich Fey, S. 86. Unten, Seite 112 ff. wird näher zu untersuchen sein, ob diese Lösung überhaupt haltbar ist.

C. Rechtsnatur

Rechtlich qualifiziert wird die strenge Ausbietungsgarantie in Rechtsprechung und Literatur entweder als Garantievertrag[305] oder als Vertrag eigener Art.[306] Richtig ist daran die damit verbundene Absage an die Qualifizierung als Bürgschaft. Denn die Bürgschaft als akzessorische Sicherheit verlangt, dass der Bürge eine zu der Verpflichtung des Hauptschuldners identische Verpflichtung übernimmt.[307] Unabhängig von der Frage, was der Eigentümer des haftenden Grundstücks bei einer Grundschuld oder Hypothek überhaupt schuldet,[308] schuldet er jedenfalls nicht die Abgabe eines Gebotes in der Zwangsversteigerung. Die Verpflichtung des Sicherungsgebers ist folglich nicht akzessorisch zu der Verpflichtung des Eigentümers aus der Hypothek oder Grundschuld. Somit kann auch keine Bürgschaft vorliegen.

Möglicherweise ist die strenge Ausbietungsgarantie aber ein Garantievertrag. Inhalt eines Garantievertrages ist die Gewährsübernahme des Garanten gegenüber dem Garantienehmer, ihn von den nachteiligen Auswirkungen eines möglicherweise eintretenden oder ausbleibenden Ereignisses (des Garantiefalles) freizustellen.[309]

Davon ausgehend wird teilweise gesagt, dass damit die strenge Ausbietungsgarantie auch kein Garantievertrag sei, da bei ihr der Sicherungsgeber eine Tätigkeitspflicht übernehme und nicht die Gewähr zur Vermeidung eines künftigen Schadens.[310] Eben deshalb sei die strenge Ausbietungsgarantie ein Vertrag eigener Art.[311] Unklar bleibt bei dieser Argumentation jedoch, warum nicht mittels einer Tätigkeitspflicht die Gewähr zur Vermeidung eines künftigen Schadens übernommen werden kann. Durch die Pflicht zur Abgabe eines Gebotes in der Zwangsversteigerung soll doch gerade ein möglicher Schaden für den Sicherungsgeber, nämlich der Ausfall in der Zwangsversteigerung, verhindert werden. Erreicht werden soll dieses Ziel dadurch, dass der Sicherungsgeber gegebenenfalls ein die dingliche Forderung des Sicherungsnehmers deckendes Gebot in der Zwangsversteigerung abgeben wird. Dies ist dann doch die Gewährsübernahme zur Vermeidung eines künftigen Schadens. Wollte man

---

305 Stillschweig, Ausbietungsgarantie JW 1914, 335; MünchKomm(Pecher), Vor § 765 Rn. 36; RGRK(Mormann), Vor § 765 Rn. 7; Dassler/ Schiffhauer/Gerhardt/Muth(Gerhardt), § 66 Rn. 18; Kesten/Bühling(Peter), S. 660.

306 OLG Celle NJW 1977, 52(53); Steiner(Storz) , § 66 Rn. 26.

307 Hadding/Häuser/Welter, S. 600.

308 Dazu ausführlich oben, Seite 34 ff.

309 Hadding/Häuser/Welter, S. 683. Der BGH (NJW 1985, 2941) spricht von der Übernahme einer Verpflichtung zur Schadloshaltung. Siehe auch MünchKomm(Habersack),Vor § 765 Rn. 13 m.w.N.

310 Hennings, S. 36; OLG Celle NJW 1977, 52(53).

311 Hennings, S. 36 mit Nachweisen zur älteren Literatur.

dies verneinen, so müsste die Interzessionsgarantie als ein Vertrag verstanden werden, dessen Verpflichtung sich auf die Zahlung einer Ausgleichssumme für einen eingetretenen Schaden beschränkt. Es ist jedoch nicht ersichtlich, woher sich ein derart eingeschränktes Verständnis über die Verpflichtung eines Garanten ergeben soll. Maßgeblich ist allein die Freistellung vor den Auswirkungen des Garantiefalles. Und genau auf diese Freistellung kommt es dem Sicherungsnehmer bei der strengen Ausbietungsgarantie an. Ob der Sicherungsgeber dabei das Grundstück erwirbt oder nicht, ist ihm gleichgültig. Folglich lässt sich die strenge Ausbietungsgarantie sehr wohl als Garantievertrag verstehen.

Allerdings ist es richtig, wenn festgestellt wird, dass durch diese Einordnung nicht viel gewonnen ist, da für den Garantievertrag keine gesetzliche Regelung besteht.[312]

Wichtiger als die rechtliche Einordnung der entsprechenden Verträge als Garantieverträge, ist denn auch die Erkenntnis, dass die strenge Ausbietungsgarantie ein gegenüber der gesicherten Hypothek oder Grundschuld nichtakzessorisches Sicherungsrecht ist.

Unabhängig davon ist bereits darauf hingewiesen worden,[313] dass bei der strengen Ausbietungsgarantie oftmals nicht nur der Sicherungsgeber, sondern auch der Sicherungsnehmer Verpflichtungen übernimmt. Die Verpflichtung des Sicherungsnehmers besteht dabei zumeist in der Zusage, bei der Ersteigerung des haftenden Grundstücks das gesicherte Recht stehen zu lassen und auf eine Sicherheitsleistung zu verzichten.[314] Fraglich ist, ob derartige Zusagen den Vertrag zu einem gegenseitigen Vertrag machen.[315]

Ein gegenseitiger Vertrag liegt dann vor, wenn jede Partei ihre Verpflichtung nur übernommen hat, um von der jeweils anderen Partei die Gegenleistung zu erhalten.[316] Nicht entscheidend ist, dass die ausgetauschten Leistungen gleichwertig sind.[317] Der Sicherungsgeber wird die Garantie zumindest bei der kurzfristigen Ausrichtung in aller Regel nur übernehmen, um gerade die den Erwerb erleichternden Vorteile eingeräumt zu bekommen. Und der Sicherungsnehmer wird diese Vorteile einräumen, damit der Sicherungsgeber die Garantie übernimmt. Die Leistung des einen wird also um der Leistung des anderen willen

---

312 So bereits Stillschweig, Ausbietungsgarantie JW 1914, 335. Entsprechende Feststellungen finden sich auch bei Nebe, S. 17 und Droste MittRhNotK 1995, 41.

313 Oben, Seite 24.

314 Vgl. dazu Hennings, Muster 4. 2 Nr. 5 (S. 47); Mohrbutter/Drischler/ Radtke/ Tiedemann, Muster 103 I c (S. 521 f.); Beck'sches Formularhandbuch, Muster III.I.8 § 1 Nr. 3 und 4.

315 So Droste MittRhNotK 1995, 39 f.

316 MünchKomm(Emmerich), Vor § 320 Rn. 3.

317 MünchKomm(Emmerich), Vor § 320 Rn. 6.

erbracht. Jede Partei übernimmt ihre Leistung, um die Gegenleistung zu erhalten. Es erscheint daher richtig, bei derartigen Fallkonstellationen die getroffene Vereinbarung als einen gegenseitigen Vertrag aufzufassen.

Bei der Anwendung der gesetzlichen Regelungen über den gegenseitigen Vertrag ist jedoch eine gewisse Vorsicht geboten. Schließlich erbringt der Sicherungsnehmer seine Leistung, also die Auszahlung der Darlehenssumme, gerade zu dem Zweck, dass mit diesem Geld das Grundstück ersteigert wird. Insoweit lässt sich die tatsächliche Ersteigerung des Grundstücks als Voraussetzung für die Auszahlung verstehen. Hat der Sicherungsnehmer diesen Erwerb unmöglich gemacht – etwa weil er einem Dritten eine Finanzierung gewährt hat, die diesem ein höheres Gebot ermöglicht hat – so wäre er bei der Anwendung sämtlicher Regelungen über einen gegenseitigen Vertrag gemäß § 324 Abs. 1 BGB weiterhin zur Auszahlung des Darlehens verpflichtet. Dies wäre aber mit einem Zweck der gegenseitigen Verknüpfung der Leistungen, nämlich der Ermöglichung der Ersteigerung des Grundstücks, nicht in Einklang zu bringen. Schließlich kann der Sicherungsgeber das Grundstück nicht mehr ersteigern. Es ist hier besonders zu beachten, dass die Gegenseitigkeit eine Frage der Vereinbarung durch die Vertragsparteien ist.[318] Somit ist auch die Regelung des § 324 BGB im Rahmen der vertraglichen Vereinbarung anzuwenden. Und bei dem geschilderten Zweck der Vereinbarung ist die Norm bei einer strengen Ausbietungsgarantie grundsätzlich unanwendbar.

D. Formerfordernisse und notwendige Genehmigungen

I. Notwendigkeit der notariellen Beurkundung nach § 313 S.1 BGB

Da der Sicherungsgeber eine Verpflichtung zur Abgabe eines Gebotes in der Zwangsversteigerung übernimmt, stellt sich die Frage, ob die strenge Ausbietungsgarantie der Formvorschrift des § 313 S. 1 BGB unterliegt. Nach dieser Norm ist eine Verpflichtung zum Erwerb eines Grundstücks notariell zu beurkunden. Um die Schutzfunktion der Norm nicht zu verfehlen, müssen von ihr auch bedingte Erwerbsverpflichtungen erfasst sein.[319]

Der Sicherungsgeber ist, wie dargestellt, durch die von ihm übernommene vertragliche Verpflichtung zur Abgabe eines Gebotes in der Zwangsversteigerung verpflichtet. Ist dieses Gebot das Meistgebot, so erhält er auch den Zuschlag und erwirbt damit das Grundstück. Folglich stellt die strenge Ausbietungsgarantie eine bedingte Erwerbsverpflichtung dar, deren erste Bedingung es ist, dass es überhaupt zur Zwangsversteigerung kommt. Zweite

318 Staudinger(Otto), Vorbem. zu §§ 320-322 Rn. 26.
319 BGHZ 57, 394; MünchKomm(Kanzleiter), § 313 Rn. 33 m.w.N.

Bedingung ist dann, dass dem Sicherungsgeber auch der Zuschlag erteilt wird. Somit wäre hier nach § 313 S. 1 BGB die notarielle Beurkundung der Garantie notwendig. Dies entspricht auch der ganz h.M.[320]

Gegen diese Unterwerfung unter § 313 S. 1 BGB könnten allerdings zwei Gesichtspunkte sprechen.

Zunächst einmal ließe sich fragen, welche Form des Erwerbes in § 313 S. 1 BGB überhaupt gemeint ist. Denkbar wäre es, dass die Norm nur den rechtsgeschäftlichen Erwerb meint.

Darauf deutet zumindest ihr Wortlaut hin. Denn dieser spricht von der Verpflichtung, ein Grundstück zu erwerben. Dies ließe sich so verstehen, dass die Verpflichtung durch einen rechtsgeschäftlichen Erwerb, also durch ein dingliches Rechtsgeschäft zu erfüllen ist. Der Erwerb des Grundstücks erfolgt aber bei den Fällen der strengen Ausbietungsgarantie eben nicht durch einen rechtsgeschäftlichen Erwerb des Grundstücks, sondern durch Erteilung des Zuschlages gemäß §§ 81 Abs. 1, 90 Abs. 1 ZVG[321] und damit durch einen öffentlich-rechtlichen Akt.

Darauf kann es indes nicht ankommen. Nimmt man die Schutzfunktion von § 313 S. 1 BGB ernst, so kann es nicht entscheidend sein, auf welche Weise der dingliche Eigentumswechsel letztendlich erfolgt.[322] Maßgeblich ist insoweit immer nur, ob durch den geschlossenen Vertrag eine Verpflichtung begründet wird, die unter bestimmten Voraussetzungen den Erwerb eines Grundstücks mit sich bringt. Dies ist bei einer strengen Ausbietungsgarantie der Fall. Insoweit ergeben sich also keine Bedenken gegen die Anwendung des § 313 S. 1 BGB.

Eine ganz andere Frage ist, ob nach dem wirtschaftlichen Hintergrund des Vertrages der Eigentumserwerb überhaupt der maßgebliche Aspekt ist. So wird von Horn behauptet, dass bei einer strengen Ausbietungsgarantie im Vordergrund nicht eine Erwerbsverpflichtung, sondern das Einstehen für einen bestimmten Versteigerungserfolg stehe, sodass § 313 S. 1 BGB hier überhaupt nicht passe.[323] Sofern es stimmt, dass der Zweck einer strengen Ausbietungsgarantie auf die Sicherung des Sicherungsnehmers beschränkt ist, ist diese Überlegung durchaus schlüssig. Schließlich bezweckt § 313 S. 1 BGB vor allem

---

320 OLG Celle NJW 1977, 52; OLG Celle NJW-RR 1991, 866 = WM 1991, 1296 = DNotZ 1992, 302; LG Göttingen NJW 1976, 571; Hennings, S. 36; MünchKomm(Kanzleiter), § 313 Rn. 17; P. Horn WM 1974, 1038; Steiner(Storz), § 66 Rn. 32; Droste MittRhNotK 1995, S. 42 m.w.N.

321 Darauf hat Droste MittRhNotK 1995, 42 besonders hingewiesen.

322 So auch ausdrücklich MünchKomm(Kanzleiter), § 313 Rn. 17 und vor allem Droste MittRhNotK 1995, 42.

323 Staudinger(Horn), Vorbem. zu § 765 Rn. 253.

den Schutz vor benachteiligenden Vertragsbestandteilen im Rahmen eines Verpflichtungsgeschäftes über ein Grundstück.[324]

Tatsächlich ließe sich also sagen, dass dann, wenn der eigentliche Sinn des Vertrages gar nicht auf einen Erwerb gerichtet ist, sondern ein solcher allenfalls ein Nebeneffekt eines Sicherungsgeschäftes wäre, § 313 S. 1 BGB nach Sinn und Zweck der Vorschrift außer Anwendung bleiben müsste. Auch eine Bürgschaft, die zur Sicherung der durch die Grundschuld oder Hypothek gesicherten Forderung übernommen würde, wäre nicht nach § 313 S. 1 BGB zu beurkunden und dies obwohl sie eher noch gefährlicher für den Sicherungsgeber wäre, als die Sicherung der Hypothek oder Grundschuld. § 313 S. 1 BGB wäre demnach auf solche Geschäfte zu beschränken, bei denen gerade der Erwerb des Grundstücks vom Sicherungsgeber gewollt ist.

Demnach kommt es darauf an, ob genau dies bei der strengen Ausbietungsgarantie der Fall ist. Bei der kurzfristig ausgerichteten strengen Ausbietungsgarantie – also der Gewährsübernahme zu einem Zeitpunkt, an dem die Zwangsversteigerung bereits unmittelbar bevorsteht – ist dabei zu beachten, dass die Gewährsübernahme überhaupt nur Sinn ergibt, wenn es dem Sicherungsgeber auf den Erwerb des Grundstücks ankommt. Schließlich kann in einem solchen Fall nicht mehr die Förderung eines sonstigen Geschäftes das Ziel der Vereinbarung sein.[325] Hier ist der Erwerb des Grundstücks durch den Sicherungsgeber von den Vertragsparteien ausdrücklich gewollt.

Aber auch bei der langfristigen Ausrichtung der Garantie fragt es sich, warum die Parteien überhaupt eine strenge Ausbietungsgarantie abschließen, wenn lediglich dem Sicherungsbedürfnis des Sicherungsnehmers Genüge getan werden soll. Diesem Sicherungsbedürfnis wäre doch ebenso gut mit einer Ausfallverhütungsgarantie gedient und für den Sicherungsgeber brächte diese Form der Sicherung keinen Nachteil. Es ist ihm unbenommen, in der Zwangsversteigerung unabhängig von dem geschlossenen Vertrag mitzubieten, falls sich herausstellt, dass der Erwerb des Grundstücks für ihn günstiger ist als die bloße Zahlung der Ausfallsumme.

Nun mag der Grund für die Vereinbarung einer strengen Ausbietungsgarantie mit einer langfristigen Ausrichtung darin zu finden sein, dass diese im Gegensatz zu der Ausfallverhütungsgarantie nach h.M. in der Bilanz des Sicherungsgeber nicht vermerkpflichtig ist.[326]

Aber auch dann wird der Zweck des Vertrages, die Sicherung des Sicherungsnehmers, dadurch erreicht, dass der Sicherungsgeber eine (bedingte)

324 Drucksache 7/63 I.

325 Dazu bereits bei der Ausfallverhütungsgarantie, Seite 60 f.

326 Vgl. etwa ADS, § 251 HGB Rn. 91 m.w.N. Zu dieser Frage sogleich.

Verpflichtung zum Erwerb des durch die Hypothek oder Grundschuld belasteten Grundstücks übernimmt. Hier liegt der entscheidende Unterschied zu der Ausfallverhütungsgarantie. Auch dort mag eine Ersteigerung des haftenden Grundstücks durch den Sicherungsgebers im Einzelfall geboten sein.[327] Es besteht aber keine Verpflichtung zu diesem Erwerb. Genau diese Verpflichtung will der Sicherungsgeber bei der strengen Ausbietungsgarantie übernehmen, er ist zum Erwerb des Grundstücks bereit. Der Vertrag ist also durch mehr geprägt als durch den Sicherungsgedanken. Entscheidend ist, dass der Vertrag in dieser konkreten Form geschlossen wird, weil der Sicherungsgeber den Erwerb des Grundstücks zumindest in Kauf nimmt. Dies ist also nicht ein bloßer Nebeneffekt des Sicherungsgeschäftes, sondern bestimmt gerade die Art und Weise der Haftung des Sicherungsgebers.

Folglich ist die Verpflichtung aus der strengen Ausbietungsgarantie auch eine echte Verpflichtung zum Erwerb eines Grundstücks und demnach nach § 313 S. 1 BGB zu beurkunden.

Zu beurkunden ist dabei der ganze Vertrag und nicht nur die Erklärung des Sicherungsgebers. Mag der Warn- und Schutzfunktion auch durch die Beurkundung lediglich dieses Teils des Vertrages Genüge getan sein, so erfordert die in Sinn und Zweck des § 313 S. 1 BGB ebenfalls enthaltene Beweisfunktion die Beurkundung des ganzen Vertrages.[328]

II. Notwendigkeit einer vormundschaftsgerichtlichen Genehmigung nach den §§ 1643, 1821 Abs. 1 Nr. 5 BGB

Da die eingegangene Verpflichtung eine echte Erwerbsverpflichtung ist, bedarf es im Falle des Vertragsschlusses durch einen Minderjährigen gemäß §§ 1643, 1821 Abs. 1 Nr. 5 BGB der vormundschaftsgerichtlichen Genehmigung.[329]

E. Bilanzierung

Ebenso wie bei der Ausfallverhütungsgarantie[330] stellt sich bei der strengen Ausbietungsgarantie die Frage nach ihrer Behandlung in einer Unternehmensbilanz. Konkret geht es bei einer Bilanzierung nach den HGB-Vorschriften darum, ob der Sicherungsgeber die eingegangene Verpflichtung gemäß § 251 HGB vermerken muss.

---

327 Siehe dazu oben Seite 41 f.

328 So auch ausdrücklich OLG Celle NJW-RR 1991, 866 = WM 1991, 1296 = DNotZ 1992, 302.

329 Dies ist auch unstreitig. Siehe etwa: Hennings, S. 36 m.w.N.

330 Dazu oben Seite 62.

Sinn und Zweck des § 251 HGB ist es, in der Bilanz bestehende Risiken auszuweisen.[331] Besonders aufgeführt sind dabei Gewährsübernahmen, die das Risiko einer Haftung für fremdes Vermögen in sich tragen.[332] Entscheidend ist für eine Vermerkverpflichtung also, dass durch die eingegangene Verpflichtung dem Vermögen des bilanzierenden Unternehmens ein Abfluss von Aktiva droht.

Daran ließe sich die Überlegung anschließen, dass die strenge Ausbietungsgarantie lediglich eine Erwerbsverpflichtung beinhalte und sich dadurch von den in § 251 HGB genannten Verpflichtungen unterscheide,[333] da ein Kapitalabfluss bei einer Erwerbsverpflichtung gerade nicht drohe.

Dass die damit verbundene Haftung hier durch eine (bedingte) Erwerbsverpflichtung erfolgt, kann eine unterschiedliche bilanztechnische Behandlung indes alleine nicht rechtfertigen.[334]
Eine solche unterschiedliche Behandlung wäre nämlich lediglich dann gerechtfertigt, wenn bei der strengen Ausbietungsgarantie eine von den in § 251 HGB genannten Verträgen abweichende Verlustgefahr festgestellt werden kann. Ist die Verlustgefahr bei einer strengen Ausbietungsgarantie nicht größer als etwa bei einem Kaufvertrag über ein Grundstück, so müsste sie ebenso wenig wie ein solcher in der Bilanz vermerkt werden.[335] Bei einem Kaufvertrag über ein Grundstück stehen Leistung und Gegenleistung nämlich in aller Regel in einem ausgewogenen Verhältnis. Der Käufer zahlt einen marktgerechten Preis für das Grundstück. Dem Abfluss des Geldes aus der Bilanz steht der Zufluss des Grundstückswertes in die Bilanz gegenüber.

Entscheidend für die Frage der Vermerkpflicht ist, ob dies bei einer strengen Ausbietungsgarantie ebenso ist. Bei einem kurzfristig ausgerichteten Vertrag, also bei der Gewährsübernahme zu einem Zeitpunkt, zu dem die Zwangsversteigerung unmittelbar bevorsteht oder bereits beantragt ist, ist dies zu bejahen. Denn es war oben[336] darauf hingewiesen worden, dass die Gewährsübernahme mit kurzfristiger Ausrichtung nur Sinn ergibt, wenn es dem Sicherungsgeber auf den Erwerb des Grundstücks ankommt. Schließlich kann in einem solchen Fall nicht mehr die Förderung eines sonstigen Geschäftes das Ziel der Vereinbarung sein.[337] Geht es dem Sicherungsgeber aber gerade um den Erwerb des Grundstücks, so wird er auch nur in Höhe eines marktgerechten

---

331 ADS, § 251 HGB Rn. 91.
332 Vgl. Herfurth WPg 1977, 351.
333 Beck'scher Bilanzkommentar(Ellrott), § 251 Rn. 44.
334 Fey, S. 86.
335 Genau dies behauptet denn auch Herfurth WPg 1977, 351.
336 Seite 105.
337 Siehe dazu bereits bei der Ausfallverhütungsgarantie S. 62.

Preises die Garantie für das Grundstück übernehmen. Folglich besteht bei einer kurzfristig ausgerichteten strengen Ausbietungsgarantie tatsächlich kein Unterschied zu einem Kaufvertrag über das Grundstück. Mithin lässt sich das Risiko des Sicherungsgebers nicht mit den Risiken vergleichen, die eine Vermerkverpflichtung begründen. Eine kurzfristig ausgerichtete strenge Ausbietungsgarantie ist also nicht vermerkpflichtig i.S.des § 251 HGB.

Anders sieht die Interessenlage für den Fall aus, dass die strenge Ausbietungsgarantie langfristig ausgerichtet ist. Eine derartige Sicherung ist schließlich gerade dann erforderlich, wenn eine auf dem haftenden Grundstück einzutragende Hypothek oder Grundschuld dem Sicherungsnehmer keine hinreichende Sicherheit zu bieten scheint.[338] Dies wird der Fall sein, wenn der Wert des Grundstücks die Hypothek oder Grundschuld nicht mehr deckt. Verpflichtet sich der Sicherungsgeber dann zu einem die Hypothek oder Grundschuld deckenden Gebot, so wird dieses gerade nicht mehr dem marktgerechten Preis entsprechen. Folglich steht hier dem möglichen Abfluss eines Aktivposten der Bilanz kein entsprechender Zufluss mehr gegenüber. Hier besteht vielmehr gerade das typische Risiko einer Gewährsübernahme. Folglich ist im Fall einer langfristig ausgerichteten strengen Ausbietungsgarantie in der Bilanz des Sicherungsgebers eine vermerkpflichtige Eventualverbindlichkeit gegeben.

Einfach ist dabei die Bestimmung der Verpflichtung des Sicherungsgebers, wenn dieser die Abgabe eines Gebotes in einer bestimmten Höhe zugesagt hat. Dann besteht schlicht eine Vermerkverpflichtung in dieser Höhe.

Nicht ganz unproblematisch kann hingegen die Höhe der zu vermerkenden Verpflichtung sein, wenn der Sicherungsgeber zugesagt hat, ein die Hypothek oder Grundschuld des Sicherungsgebers deckendes Gebot abzugeben. Wird dabei eine nachrangige Hypothek oder Grundschuld durch die strenge Ausbietungsgarantie gesichert, so ist von der primären Leistungspflicht des Sicherungsgebers auch das vorangehende Recht erfasst. Schließlich muss es von seinem etwaigen Gebot umfasst werden. Zu beachten ist demgegenüber jedoch, dass ein etwaiger Schadenersatzanspruch wegen Nichterfüllung auf die Höhe des gesicherten Rechtes beschränkt ist. Die drohende tatsächliche wirtschaftliche Belastung ist also auf den Sekundäranspruch des Sicherungsnehmers beschränkt. Daher besteht auch in einem solchen Fall die Vermerkpflicht nur in Höhe des gesicherten Rechts.

338 Vgl. oben Seite 20.

F. Steuerpflicht

Eine Steuerpflicht entsteht durch die Übernahme der Garantie für den Sicherungsgeber noch nicht,[339] da dadurch noch kein Erwerbstatbestand des § 1 GrEStG erfüllt wird.
Erfüllt ist ein solcher Erwerbstatbestand jedoch durch die Abgabe des Meistgebotes in der Zwangsversteigerung (§ 1 Abs. 1 Nr. 4 GrEStG), den anschließenden Abschluss eines Rechtsgeschäftes, das einen Anspruch auf die Abtretung der Rechte aus dem Meistgebot begründet (§ 1 Abs. 1 Nr. 5 GrEStG), und die unmittelbare Abtretung der Rechte aus dem Meistgebot (§ 1 Abs. 1 Nr. 7 GrEStG).

Bei der Einschaltung eines Dritten im Rahmen der Zwangsversteigerung muss der Sicherungsgeber darauf achten, dass nicht zwei Erwerbstatbestände des § 1 GrEStG erfüllt werden.
Vor allem, wenn der Dritte als verdeckter Stellvertreter auftritt, werden zwei Erwerbstatbestände erfüllt. Denn der verdeckte Stellvertreter erfüllt für sich selber bereits den Erwerbstatbestand des § 1 Abs. 1 Nr. 4 GrEStG.[340]

Problematisch ist daher auch die folgende, teilweise anzutreffende Klausel[341]:

> „Ersteigert ein Dritter mit Zustimmung des Sicherungsnehmers für den Sicherungsgeber das Grundstück, so gelten die zwischen den Vertragsparteien getroffenen Vereinbarungen auch für den Dritten."

Hier wird der Dritte nicht als Stellvertreter des Sicherungsgebers tätig, sondern tritt selbst in die vertraglichen Pflichten aus der strengen Ausbietungsgarantie ein.[342] Mit der Abgabe des Meistgebotes erfüllt er daher eine eigene Verpflichtung, sodass der Erwerbstatbestand des § 1 Abs. 1 Nr. 1 in seiner Person erfüllt ist. Sofern daher vorgesehen ist, dass letztendlich der Sicherungsgeber das Eigentum erwerben soll, sind auch hier zwei Erwerbstatbestände erfüllt.

Unproblematisch ist es dagegen, wenn ein Dritter nach der vertraglichen Vereinbarung als Stellvertreter des Sicherungsgebers tätig werden darf.[343]

---

339 MünchVertragshandbuch(Hagena/Langenfeld), Muster X 9 Anm. 31 (S. 295).
340 Pahlke/Franz(Pahlke), § 1 Rn. 90.
341 Siehe (mit anderer Formulierung) MünchVertragshandbuch (Hagena/Langenfeld), Muster X. 9 § 3 Abs. 3 (S. 289).
342 Dass eine derartige Klausel problematisch ist, wird auch im MünchVertragshandbuch(Hagena/Langenfeld); Muster X 9 Anm. 31 (S. 295) angesprochen.
343 MünchVertragshandbuch(Hagena/Langenfeld) Muster X 9 Anm. 31 (S. 295).

G. Nichtigkeitsgründe

I. Sittenwidrigkeit der gesamten Vereinbarung

Bei der Frage nach einer möglichen Nichtigkeit der getroffenen Vereinbarung gelten die gleichen Regeln wie bei jeder anderen schuldrechtlichen Vereinbarung.[344] Eine nähere Betrachtung verdient bei der strengen Ausbietungsgarantie die Frage, ob ein solcher Vertrag unter bestimmten Umständen nicht gegen die guten Sitten verstößt, sodass die gesamte Vereinbarung nach § 138 Abs. 1 BGB nichtig ist. Anhaltspunkt für eine mögliche Sittenwidrigkeit kann dabei die Einflussnahme auf die Zwangsversteigerung sein.

Kein negativer Einfluss wird dabei jedoch durch die Verpflichtung des Sicherungsgebers als solcher genommen. Vielmehr dient die strenge Ausbietungsgarantie insoweit sowohl dem berechtigten Sicherungsinteresse des Sicherungsnehmers als auch dem Interesse des Eigentümers des haftenden Grundstücks an einem möglichst hohen Versteigerungserlös. Schließlich wird durch die Verpflichtung des Sicherungsgebers ein bestimmtes Gebot sichergestellt, Dritte werden aber von der Abgabe höherer Gebote nicht abgehalten.

II. Sittenwidrigkeit der Einräumung von Vorteilen durch den Sicherungsnehmer

Es ließe sich jedoch daran denken, dass sich eine Sittenwidrigkeit der Vereinbarung begründen lässt, wenn der Sicherungsnehmer dem Sicherungsgeber bestimmte Vorteile einräumt. Besonders deutlich wird dies, wenn er zusagt, sein Recht an dem Grundstück bei der Ersteigerung durch den Sicherungsgeber stehen zu lassen. Durch diese Zusage verbessert sich die Position des Sicherungsgebers in der Zwangsversteigerung gegenüber sonstigen Erwerbsinteressenten. Im Vergleich zu diesen muss er ein geringeres Bargebot abgeben. Eine derartige Zusage i.S.des § 91 Abs. 2 ZVG erleichtert den Erwerb des Grundstücks für den Sicherungsgeber , da sich nunmehr das Bargebot nach § 91 Abs. 3 ZVG um den dem Berechtigten zustehenden Teil aus der Teilungsmasse verringert.

Führt man sich vor Augen, dass es gerade die Konkurrenz der Bieter in der Versteigerung ist, durch die ein marktgerechter Preis des Grundstücks erzielt werden soll,[345] so könnte diese Abschwächung der Konkurrenz möglicherweise eine Sittenwidrigkeit begründen.

---

344 Siehe dazu auch bereits bei der Ausfallverhütungsgarantie: Seite 88 f.
345 BGH NJW 1961, 1012(1013); 1979, 162(163).

Bei einer solchen Abrede zwischen Sicherungsgeber und Sicherungsnehmer ist jedoch zu beachten, dass sie auch dem Eigentümer des haftenden Grundstücks zugute kommt.[346] Denn durch die übernommene Verpflichtung wird sichergestellt, dass zumindest ein Gebot in der Zwangsversteigerung abgegeben wird. Da bei einem derartigen Gebot dann auch die Schutzvorschriften zugunsten des Eigentümers greifen, ihm also etwa die 7/10-Fiktion des § 114a ZVG zugute kommt, profitiert der Eigentümer zumindest mittelbar von der getroffenen Vereinbarung, ohne dass die Gefahr besteht, dass das Grundstück weit unter Wert an den ersteigernden Sicherungsgeber fällt. Die Verbesserung der Stellung des Sicherungsgebers in der Zwangsversteigerung kann folglich nicht die Sittenwidrigkeit einer strengen Ausbietungsgarantie begründen.

III. Unwirksamkeit des Abschlusses weiterer strenger Ausbietungsgarantien durch den Sicherungsnehmer

1. Bei Fehlen einer entsprechenden Vereinbarung

Fraglich ist nun, welche Pflichten den Sicherungsnehmer nach Abschluss des Vertrages treffen. Von besonderem Interesse ist dabei, ob es ihm gestattet ist, mit Dritten weitere Ausbietungsgarantien gleichen Inhaltes abzuschließen.[347] Vielfach enthalten die Verträge eine Klausel, die dem Sicherungsnehmer den Abschluss weiterer gleichartiger Verträge gestattet.[348] Fehlt es an einer derartigen ausdrücklichen Regelung, so könnte der Zweck der Vereinbarung für eine Beschränkung der Vertragsfreiheit des Sicherungsnehmers sprechen. Zumindest dann, wenn der Sicherungsnehmer dem Sicherungsgeber bestimmte Vergünstigungen eingeräumt hat, durch die die Abgabe eines Meistgebotes in der Zwangsversteigerung erleichtert werden soll. Bedeutung hat das insbesondere für die Zusage, das gesicherte Recht nach der Zuschlagserteilung an den Sicherungsgeber stehen zu lassen. Es war bereits darauf hingewiesen worden, dass eine derartige Zusage i.S.des § 91 Abs. 2 ZVG den Erwerb des Grundstücks für den Sicherungsgeber erleichtert, da sich nunmehr das Bargebot nach § 91 Abs. 3 ZVG um den dem Berechtigten zustehenden Teil aus der Teilungsmasse verringert. Hat nur der Sicherungsgeber diese Zusage, so ist die Abgabe eines Meistgebotes für ihn leichter, als wenn auch andere Bieter diese Zusage erhalten haben. Insofern ließe sich aus der getroffenen Vereinbarung ein Interesse

---

346 Steiner(Storz), § 66 Rn. 27.

347 Zu Recht weist Hennings, S. 31 darauf hin, dass es eher eine Ausnahme ist, dass der Sicherungsnehmer sich auch nach der Hereinnahme einer strengen Ausbietungsgarantie noch immer nicht hinreichend gesichert fühlt. Völlig unüblich ist der Abschluss mehrerer Verträge jedoch nicht.

348 Vgl. etwa: Beck'sches Formularbuch(Haag), Muster III.I.8 § 1 Nr. 5 (S. 466) oder MünchVertragshandbuch(Hagena/Langenfeld), Muster X. 9 § 9 Abs. 1 (S. 290).

des Sicherungsgebers herauslesen, dass eine derartige Zusage ausschließlich ihm gegenüber gemacht wird.

Zu beachten ist jedoch, dass der Sicherungsnehmer gerade ein berechtigtes Interesse daran hat, dass mehrere Personen ihm gegenüber die Verpflichtung zur Abgabe eines Gebotes in der Zwangsversteigerung übernehmen. Denn dadurch wächst die Wahrscheinlichkeit, dass auch tatsächlich ein entsprechendes Gebot abgegeben wird.[349] Daraus allein lässt sich zwar noch kein Argument gegen ein Verbot des Abschlusses weiterer strenger Ausbietungsgarantien gewinnen. Denn es ließe sich auch argumentieren, dass der Sicherungsnehmer durch die gegebene Zusage dem Erwerbsinteresse des Sicherungsgebers gegenüber seinem eigenen Interesse an einer möglichst effektiven Sicherung erkennbar den Vorrang eingeräumt hat.

Allerdings kann der Sicherungsgeber einen erfolgreichen Erwerb ohnehin nicht zusagen. Schließlich sind Dritte durch die Ausbietungsgarantie nicht daran gehindert, eigene Gebote in der Zwangsversteigerung abzugeben. Daraus kann gefolgert werden, dass der Sicherungsnehmer aus der Vereinbarung allein noch nicht den Schluss ziehen kann, dass er das Erwerbsinteresse des Sicherungsgebers gesondert beachten muss. Grundsätzlich ist der Sicherungsnehmer nach Abschluss einer strengen Ausbietungsgarantie also nicht gehindert, gleiche oder ähnliche Verträge mit Dritten abzuschließen.

2. Bei Vorliegen einer entsprechenden Vereinbarung

a) Zulässigkeit und Wirkung einer sogenannten Ausschließlichkeitsklausel

Nun finden sich in den Verträgen jedoch teilweise auch Vereinbarungen über diese Frage. Sie lauten etwa:

„Dem Sicherungsnehmer ist es nicht gestattet, weitere Verträge gleichen oder ähnlichen Inhaltes abzuschließen."

oder

„Der Sicherungsnehmer sagt zu, dass er keinem Dritten gegenüber die Verpflichtung übernimmt, seine Hypothek (Grundschuld) nach einer etwaigen Ersteigerung stehen zu lassen."

Es stellt sich die Frage, ob eine solche Vereinbarung zulässig ist. Gegen die Zulässigkeit derartiger Zusagen ließe sich vorbringen, dass durch sie die Erwerbschancen des Sicherungsgebers zu Lasten sonstiger Interessenten über-

349 Hennings, S. 41.

mäßig verbessert würden. Man könnte also annehmen, dass die zur Erzielung eines marktgerechten Preises notwendige Konkurrenz der Bieter hiermit gänzlich aufgehoben würde. Folglich ließe sich ein solcher Vertrag dann als sittenwidrig i.S.des § 138 Abs. 1 BGB einstufen.[350]

In der Tat stärkt eine derartige Zusage die Stellung des Sicherungsgebers in der Zwangsversteigerung noch einmal beträchtlich. Denn er kann dadurch sicher sein, dass jeder andere Bieter das Recht des Sicherungsnehmers in sein Bargebot aufnehmen muss. Es war jedoch bereits eben herausgearbeitet worden, dass der Sicherungsgeber ein berechtigtes Interesse an der Stärkung seiner Stellung in der Zwangsversteigerung hat, da er die Garantie aus einem echten Interesse am Erwerb des Grundstücks übernimmt. Hingewiesen worden war auch darauf, dass sowohl der Sicherungsnehmer als auch der Eigentümer ein Interesse daran haben, dass überhaupt erst einmal ein Gebot sichergestellt wird. Zu beachten ist zudem, dass es Dritten unbenommen bleibt, andere Finanzierungen ihres Gebotes zu vereinbaren.[351]

Die Bedeutung einer Zusage des Bestehenlassens der Hypothek oder Grundschuld darf mithin nicht überschätzt werden. Sie stellt schließlich nur einen möglichen Weg zur Finanzierung des Erwerbes des Grundstücks dar. Folglich ist eine derartige Vereinbarung auch nicht sittenwidrig. Bei Vorliegen einer entsprechenden Vereinbarung ist der Sicherungsnehmer somit wirksam gehindert, mit Dritten gleiche oder ähnliche Verträge abzuschließen oder ihnen die gleichen Vorteile einzuräumen wie dem Sicherungsgeber.

b) Zeitliche Beschränkung einer Ausschließlichkeitsklausel

Offen bleibt in diesem Zusammenhang allein noch die Frage, wie lange derartige Klauseln den Sicherungsnehmer binden. In dem Moment, wo der Sicherungsgeber in der Zwangsversteigerung überboten worden ist, stellt sich die Frage, ob er überhaupt noch ein Interesse an der Zusage haben kann. Schließlich ist der Erwerb des Grundstücks nunmehr für den Sicherungsgeber eigentlich gar nicht mehr möglich. Ein fortbestehendes Interesse an der gegebenen Zusage lässt sich indes damit begründen, dass es für den Ersteigerer ohne eine Zusage des Sicherungsnehmers über das Bestehenlassen des gesicherten Rechtes unmöglich sein könnte, seine Verpflichtung zu erfüllen, sodass es nach §§ 118, 128 ZVG zu einer Wiederversteigerung kommt.[352] Und in dieser Wiederversteigerung bestünde für den Sicherungsgeber dann doch wieder die Möglichkeit zum Erwerb des Grundstücks. Demnach wäre der Sicherungsgeber

---

350 So Krech BankA 1937/38, 332.

351 Droste MittRhNotK 1995, 53.

352 Hennings, S. 42.

also auch nach der Abgabe eines Meistgebotes durch einen Dritten gehindert, diesem Dritten zuzusagen, dass die Hypothek oder Grundschuld stehen gelassen wird.

Dem lässt sich auch nicht entgegenhalten, dass dadurch die Rechte des Sicherungsgebers überspannt würden.[353] Diese Rechte berücksichtigen nur das berechtigte Interesse des Sicherungsgebers. Und genau zu dieser Berücksichtigung hat sich der Sicherungsnehmer mit der Vereinbarung verpflichtet.

Folglich ist der Sicherungsnehmer auch nach der Ersteigerung des Grundstücks durch einen Dritten weiterhin an die dem Sicherungsgeber gegebene Zusage gebunden. Er kann dem Ersteigerer keine Vergünstigungen gewähren, die die Erfüllung der durch die Abgabe des Meistgebotes entstandenen Verpflichtung erleichtern.

H. Wechsel von Gläubiger und Schuldner

I. Unterschiede und Gemeinsamkeiten zu den entsprechenden Fällen bei der Ausfallverhütungsgarantie

Ebenso wie bei der Ausfallverhütungsgarantie[354] stellt sich auch bei der strengen Ausbietungsgarantie die Frage, wie sich Änderungen in der Person des Gläubigers und in der Person des Schuldners bei dem gesicherten Recht oder bei der hinter diesem stehenden persönlichen Forderung auswirken. Dabei können die entsprechenden Fälle – schon allein wegen der fehlenden Akzessorietät der Verpflichtung aus der strengen Ausbietungsgarantie zur gesicherten dinglichen Verpflichtung – nicht ohne weiteres gleich behandelt werden. Jedoch gleichen sich die beiden Erscheinungsformen zumindest darin, dass durch sie der dingliche Zahlungsanspruch gesichert wird.

II. Abtretung des gesicherten Rechtes

Die Bedeutung der fehlenden Akzessorietät zwischen der Forderung aus der strengen Ausbietungsgarantie und der dinglichen Forderung aus der Hypothek oder Grundschuld zeigt sich bereits in dem Fall, dass der Sicherungsnehmer die gesicherte Hypothek oder Grundschuld an einen Dritten abtritt. Für die Ausfallverhütungsgarantie war in diesem Fall die Anwendung des § 401 BGB bejaht worden.[355] Zwar ist die Aufzählung der Rechte in § 401 BGB nicht abschließend.[356] Jedoch werden in der Norm nur akzessorische Rechte genannt. Daraus folgt, dass sich diese Regelung nicht auf solche Sicherungsrechte anwenden

353 Stillschweig, Ausgestaltung, JW 1919, 372.

354 Dazu oben, Seite 62 ff.

355 Oben, Seite 62 f.

356 MünchKomm(Roth), § 401 Rn. 2; Soergel(Zeiss), § 401 Rn. 2.

lässt, die gegenüber dem gesicherten Recht selbständig sind.[357] Anderenfalls würde auch der selbständige Charakter eines derartigen Rechtes im Fall des Überganges des gesicherten Rechtes aufgehoben. Die strenge Ausbietungsgarantie ist eine selbständige Garantie.[358] Folglich kommt bei der Abtretung der gesicherten Hypothek oder Grundschuld eine Anwendung des § 401 BGB nicht in Betracht.[359] Somit bleibt der Zedent Gläubiger des Anspruches aus der strengen Ausbietungsgarantie. Lediglich bei Vorliegen einer abweichenden Vereinbarung oder bei einer gesonderten Abtretung der Forderung aus der strengen Ausbietungsgarantie kann es daher zu einem Übergang des Anspruches auf den Zessionar kommen.

III. Wechsel des Eigentümers des haftenden Grundstücks

Wechselt die Person des Eigentümers bei dem haftenden Grundstück, so kommt, unabhängig von der Frage, ob die Norm des § 418 Abs. 1 BGB auf einen Garantievertrag angewandt werden kann, ein Wegfall der Verpflichtung des Sicherungsgebers nicht in Betracht. Denn hier haben die für eine Ausfallverhütungsgarantie angestellten Überlegungen[360] gleichfalls Gültigkeit. Durch die Beschränkung der Haftung des Eigentümers auf die Zahlung aus dem Grundstück hat dessen Person auch bei der strengen Ausbietungsgarantie keine besondere Bedeutung für die Verpflichtung des Sicherungsgebers.

IV. Übernahme der durch die Hypothek oder Grundschuld gesicherten Forderung durch einen neuen Schuldner

Auch bei einem Wechsel des Schuldners der durch die Hypothek oder Grundschuld gesicherten persönlichen Forderung lassen sich die bei der Untersuchung der Ausfallverhütungsgarantie angestellten Überlegungen[361] nutzbar machen. Maßgeblich ist hier wie dort, dass das Risiko der Haftung für den Sicherungsgeber nicht ausschließlich durch die Leistungsfähigkeit des Schuldners, sondern ganz entscheidend durch den Wert des haftenden Grundstücks bestimmt wird.[362] Folglich haftet der Sicherungsgeber auch nach der Abtretung der durch die Hypothek oder Grundschuld gesicherten persönlichen Forderung weiter.[363]

---

357 Palandt(Heinrichs), § 401 Rn. 5.

358 Oben, Seite 107 ff.

359 Dies ist auch unstrittig. Vgl. etwa: Droste MittRhNotK 1995, 49; Kuth, S. 17 f.; Pikalo, S. 49; Werkmeister, S. 29 f.; Oertmann DJZ 1919, 234.

360 Oben, Seite 63 f.

361 Oben, Seite 64 ff.

362 Siehe dazu Seite 66.

363 Im Ergebnis ebenso: Droste MittRhNotK 1995, 49 f.

J. Erfüllung der strengen Ausbietungsgarantie

I. Gesichertes Recht liegt innerhalb des geringsten Gebots

Wegen der ausdrücklichen Verpflichtung zur Abgabe eines Gebotes könnte man davon ausgehen, dass der Sicherungsgeber auch dann bieten muss, wenn das gesicherte Recht im geringsten Gebot liegt[364]. Dies würde unter Umständen dazu führen, dass der Sicherungsgeber weitere Rechte ausbieten muss. Liegt nämlich ein solches weiteres Recht an dem Grundstück, das dem gesicherten Recht gegenüber nachrangig ist, ebenfalls im geringsten Gebot, so muss er nun eigentlich beide Rechte ausbieten, um seine Verpflichtung aus der Ausbietungsgarantie zu erfüllen[365].

Fraglich ist aber, ob in der beschriebenen Konstellation überhaupt eine Verpflichtung des Sicherungsgebers entstehen kann. Es war bereits oben[366] darauf hingewiesen worden, dass nur solche Rechte gemäß § 44 ZVG im geringsten Gebot zu berücksichtigen sind, die dem Recht des betreibenden Gläubigers vorangehen. §§ 44 Abs. 1 S. 2, 52 Abs. 1 ZVG bestimmt dann, dass diese Rechte nach der Zuschlagserteilung bestehen bleiben. Liegt das gesicherte Recht also im geringsten Gebot, so bleibt es unverändert bestehen. Es kann also nicht ausgeboten werden. Daher besteht für den Fall, dass das gesicherte Recht im geringsten Gebot liegt, keine Bietungspflicht für den Sicherungsgeber.

II. Gesichertes Recht liegt außerhalb des geringsten Gebots

1. Allgemeine Bestimmung der Art und Weise der Erfüllung

Eine eingehendere Betrachtung verdient die Frage nach der Art und Weise der Erfüllung der Schuld des Sicherungsgebers .

Die eingegangene Verpflichtung verlangt vom Sicherungsgeber die Abgabe eines Gebotes in der Zwangsversteigerung. Dabei ist zu beachten, dass die Erfüllung eines in einer Zwangsversteigerung abgegebenen Gebotes von der Leistungsfähigkeit des Bieters abhängig ist. Grundsätzlich folgt aus dieser Tatsache, dass der Sicherungsgeber persönlich ein Gebot abgeben muss und er seine Verpflichtung nicht dadurch erfüllen kann, dass ein Dritter ein Gebot abgibt.[367] Denn es ist die Leistungsfähigkeit des Sicherungsgebers, die darüber entscheidet, ob der Sicherungsnehmer auch tatsächlich durch die Garantie vor einem Ausfall geschützt wird.

364 So etwa: Hennings, S. 38; Stillschweig, Ausbietungsgarantie JW 1914, 336.

365 Dieses Problem ist bereits von Stillschweig JW 1914, 336 angesprochen worden. Zu finden ist es auch bei Pikalo, S. 11 und Hennings, S. 38.

366 Seite 42 f.

367 Unentschieden Hennings, S. 37 und Droste MittRhNotk 1995, 46.

Daraus folgt, dass dann, wenn die Parteien dem Sicherungsgeber die Möglichkeit einräumen wollen, dass er durch Veranlassung eines Dritten zur Abgabe eines Gebotes seine Verpflichtung erfüllen kann, dies ausdrücklich vereinbaren müssen.

Haben sie dies nicht getan, wird diese Frage freilich keine Bedeutung erlangen, wenn der Dritte seiner Verpflichtung aus dem abgegebenen Gebot nachkommt. Praktisch allein schon deswegen nicht, weil der Sicherungsnehmer in einem solchen Fall keine Ansprüche aus der Ausbietungsgarantie geltend machen wird. Nicht annehmen kann man allerdings, dass insoweit die Ausbietungsgarantie nach 362 Abs. 1 BGB erloschen sei.[368] Schließlich verlangt § 267 Abs. 1 S. 1 BGB für die Erfüllung durch einen Dritten eine nicht an die Person des Schuldners gebundene Verpflichtung. Eine solche lässt sich bei der strengen Ausbietungsgarantie aber, wie eben festgestellt, nur dann bejahen, wenn eine ausdrückliche Vereinbarung darüber getroffen worden ist.

Jedoch wird es in derartigen Fällen regelmäßig an einem Schaden des Sicherungsnehmers fehlen, sodass deswegen kein Anspruch aus der strengen Ausbietungsgarantie bestehen kann. Festzuhalten bleibt aber, dass ohne eine abweichende Vereinbarung der Sicherungsgeber verpflichtet ist, ein eigenes Gebot in der Zwangsversteigerung des haftenden Grundstücks abzugeben.

Bei der Festlegung der Verpflichtung auf die Abgabe eines Gebotes in einer Zwangsversteigerung kann es auch nicht darauf ankommen, ob dem Sicherungsnehmer tatsächlich ein Ausfall droht oder nicht. Wenn es zur Durchführung der Zwangsversteigerung des haftenden Grundstücks kommt, dann muss der Sicherungsgeber das vereinbarte Gebot abgeben.

2. Dauer der Verpflichtung

Bedeutung hat im Rahmen der Erfüllung noch die Frage, ob der Sicherungsgeber mit der Abgabe eines seiner Verpflichtung entsprechenden Gebotes den Vertrag erfüllt hat, oder ob er in einer Wiederversteigerung erneut zur Abgabe eines Gebotes verpflichtet ist. Die Problematik ist auch bei der Ausfallverhütungsgarantie schon angesprochen worden.[369]

Es geht bei der strengen Ausbietungsgarantie dabei um den Fall, dass der Sicherungsgeber ein seine Verpflichtung deckendes Gebot abgibt, ein Dritter jedoch ein höheres Gebot abgibt und folglich den Zuschlag erhält. Kommt der Dritte seiner dadurch begründeten Zahlungsverpflichtung nicht nach, sodass nach §§ 118, 128, 132, 133 ZVG eine Wiederversteigerung durchgeführt wird,

---

368 So aber wohl Droste MittRhNotK 1995, 46.

369 Oben, Seite 92 f.

so wäre der Sicherungsgeber nur dann zur Abgabe eines Gebotes auch in dieser Versteigerung verpflichtet, wenn nicht bereits die Abgabe des ersten Gebotes seine vertragliche Verpflichtung erfüllt hätte.

In der Literatur wird eine Verpflichtung zur Abgabe eines weiteren Gebotes in der Wiederversteigerung zumeist mit dem Hinweis auf den Zweck der Vereinbarung bejaht.[370] Dies ließe sich in der Tat so vertreten, wenn man den Zweck der Vereinbarung dahingehend auffasste, dass die Parteien die umfassende Vermeidung eines Forderungsausfalles beim Sicherungsnehmer angestrebt hätten.[371] Dann könnte dagegen auch nicht eingewandt werden, dass das ursprünglich gesicherte Recht durch die Zuschlagserteilung erloschen sei.[372] Schließlich haben die Parteien keine akzessorische Sicherung vereinbart.

Und wenn man den Zweck der Vereinbarung in einem umfassenden Schutz des Sicherungsnehmers vor einem Ausfall versteht, so wäre die Garantievereinbarung über das Erlöschen des gesicherten Rechtes hinaus wirksam.

Fraglich ist, ob sich aus der getroffenen Vereinbarung tatsächlich ein derart weitgehender Parteiwille herauslesen lässt. Problemlos ist dies, wenn die Parteien eine diesen Fall ausdrücklich regelnde Vereinbarung getroffen haben.[373] Haben sie dies nicht, spricht aber bereits der Wortlaut der getroffenen Vereinbarung gegen eine umfängliche Sicherung. Schließlich ist genau bestimmt, wie der Zweck des Vertrages – die Sicherung des Sicherungsnehmers – erreicht werden soll. Dies soll durch die Abgabe eines Gebotes des Sicherungsgebers in der Zwangsversteigerung geschehen. Damit ist der Weg zur Zweckerreichung bestimmt und beschränkt. Hat der Sicherungsgeber ein Gebot abgegeben, so ist seine Verpflichtung erfüllt. Er braucht ohne eine gegenteilige Vereinbarung nicht mehr damit zu rechnen, dass er erneut in einer Zwangsversteigerung des haftenden Grundstücks wird mitsteigern müssen.[374]

Dagegen lässt sich auch nicht vorbringen, dass der Sicherungsgeber es dann in der Hand hat, sich durch Stellung eines vermögenslosen Bieters seiner

370 Stillschweig, Ausbietungsgarantie JW 1914, 337; Werkmeister, S. 25; Hennings, S. 39 unter Verweis auf die ihrer Ansicht nach vergleichbare Interessenlage bei einer Ausfallverhütungsgarantie.

371 So Droste MittRhNotK 1995, 47.

372 Diese Überlegung ist von Werkmeister, S. 23 angebracht worden.

373 Diese wird dann etwa lauten: „Ersteigert ein Dritter das Grundstück und kommt anschließend seiner sich daraus ergebenden Zahlungsverpflichtung nicht nach, so gilt die getroffene Vereinbarung auch für eine dann nach den §§ 118, 128, 132, 133 ZVG durchzuführende Wiederversteigerung." Vgl. zu den Formulierungsmöglichkeiten: Hennings, Muster 4.2 Nr. 8 (S. 48); MünchVertragshandbuch(Hagena/Langenfeld), Muster X 9 § 5 (S. 289).

374 Im Ergebnis ebenso: Steiner(Storz), § 66 Rn. 31.

Verpflichtung zu entziehen.[375] Die Gefahr eines Missbrauchs der vertraglichen Stellung ist keine Besonderheit einer strengen Ausbietungsgarantie. Aus einer derartigen Gefahr lässt sich auch keine neue Auslegung der vertraglichen Vereinbarung gewinnen. Ansprüche des Sicherungsnehmers müssen sich in einem derartigen Fall nach § 826 BGB richten. Für die Ausbietungsgarantie bleibt es dabei, dass der Sicherungsgeber ohne anderslautende Parteivereinbarung nicht zur Abgabe eines Gebotes in einer Wiederversteigerung des haftenden Grundstücks verpflichtet ist.[376]

K. Pflichtverletzungen des Sicherungsgebers

I. Verhinderung der Durchführung der Zwangsversteigerung durch den Sicherungsgeber

Sofern das gesicherte Recht innerhalb des geringsten Gebotes liegt, ist der Sicherungsgeber durch die Vereinbarung nicht gehindert, die erfolgreiche Durchführung der Zwangsversteigerung zu verhindern, schließlich bleibt die Hypothek oder Grundschuld des Sicherungsnehmers so oder so bestehen.[377]

Liegt das Recht des Sicherungsnehmers jedoch außerhalb des geringsten Gebotes, so ist bei der strengen Ausbietungsgarantie zu beachten, dass der Sicherungsgeber eine Tätigkeitspflicht für den Fall einer Zwangsversteigerung des haftenden Grundstücks übernommen hat. Bei einer so beschriebenen Pflicht hat der Sicherungsgeber im Fall der angeordneten Zwangsversteigerung gar keine Wahl. Er muss ein Gebot abgeben.[378] Bleibt er untätig oder gibt er ein unzureichendes Gebot ab, so begründet dies einen Schadenersatzanspruch des Sicherungsnehmers. Ist die Zwangsversteigerung allerdings nicht erfolgreich durchgeführt worden, so wird der Nachweis eines Schadens beim Sicherungsnehmer oftmals nur schwer möglich sein. Schließlich hat er nach wie vor die Hypothek oder Grundschuld. Um einen Schadenersatzanspruch gegen den Sicherungsgeber tatsächlich begründen zu können, wird der Sicherungsnehmer daher für eine Zuschlagserteilung sorgen müssen – und sei es durch Abgabe eines eigenen Gebotes. Er wird dabei berücksichtigen müssen, dass bei der Selbstersteigerung des Grundstücks der Wert des Grundstücks

375 So bereits Stillschweig, Ausbietungsgarantie JW 1914, 337. Aus der heutigen Literatur: Droste MittRhNotK 1995, 47.

376 Im Ergebnis ebenso MünchVertragshandbuch(Hagena/Langenfeld), Muster X. 9 Anmerkung 23 (S. 294).

377 Siehe dazu bereits oben bei der Ausfallverhütungsgarantie, Seite 90 ff.

378 Droste MittRhNotK 1995, 45.

zumindest zu 7/10 auf seinen Anspruch gegen den Sicherungsgeber angerechnet wird.[379]

II. Vertragswidrige Nichtabgabe eines Gebotes in der Zwangsversteigerung des haftenden Grundstücks

Ist eine Zwangsversteigerung des haftenden Grundstücks erfolgreich durchgeführt worden und hat der Sicherungsgeber kein Gebot in dieser Zwangsversteigerung abgegeben, so liegt Nichterfüllung der eingegangenen Verpflichtung vor. Bei der Frage nach den sich dann ergebenden Ansprüchen des Sicherungsnehmers gegen den Sicherungsgeber sind zwei Fallgruppen zu unterscheiden.

1. Ein Dritter hat das Grundstück ersteigert

Hat ein Dritter das haftende Grundstück ersteigert, so kann der Sicherungsgeber seine Verpflichtung nicht mehr erfüllen. Es liegt ein Fall der Unmöglichkeit vor und der Sicherungsnehmer hat einen Schadenersatzanspruch gegen den Sicherungsgeber aus § 280 Abs. 1 BGB bzw. § 325 Abs. 1 BGB, sofern ein Fall eines gegenseitigen Vertrages vorliegt.[380] Für die Bestimmung des Schadensumfanges sind die §§ 249 ff. BGB heranzuziehen.[381] Nach diesen Regeln hat der Schädiger den Schaden gemäß § 249 S. 1 BGB grundsätzlich im Wege der Naturalrestitution zu ersetzen.

In der Literatur wird darauf hingewiesen, dass ein Erwerb des Grundstücks von dem Dritten in aller Regel nur mit unverhältnismäßig hohem Aufwand oder gar nicht möglich sein wird. Der Sicherungsgeber sei damit nach § 251 Abs. 2 S. 1 BGB bzw. § 251 Abs. 1 BGB berechtigt, eine Entschädigung in Geld zu leisten.[382]

Tatsächlich ist die Herstellung des vertragsgemäßen Zustandes sogar regelmäßig unmöglich. Bei einer Ersteigerung durch den Sicherungsgeber wäre dem Sicherungsnehmer der Versteigerungserlös schließlich unmittelbar zugute gekommen. Dies ist nunmehr aber nicht mehr möglich. Durch den Erwerb des

379 Siehe dazu oben Seite 81 ff.

380 So auch, zumindest grundsätzlich, Werkmeister, S. 38. In der Literatur bleibt die Frage nach der konkreten Anspruchsgrundlage zumeist jedoch unbeantwortet. So hält es Kuth, S. 29 etwa für denkbar, den Anspruch auf § 280 BGB oder § 325 BGB, § 286 BGB oder § 326 BGB sowie auf die Regeln der positiven Forderungsverletzung zu stützen.

381 Kuth, S. 29; Werkmeister, S. 38; Hennings, S. 40 m.w.N.; Droste MittRhNotK 1995, 46 m.w.N.

382 Kuth, S. 30; Droste MittRhNotK 1995, 46.

Grundstücks von dem Dritten käme der Kaufpreis nicht dem Sicherungsnehmer zugute.

Hat also ein Dritter das Grundstück ersteigert, so hat der Sicherungsgeber nach § 251 Abs. 1 BGB Schadenersatz in Geld zu leisten. Der Anspruch richtet sich dabei auf das sogenannte positive Interesse, d.h. der Sicherungsnehmer kann verlangen, so gestellt zu werden, wie er bei gehöriger Erfüllung gestanden hätte.[383]

Bei der Bestimmung des Schadens ist daher die konkrete Verpflichtung des Sicherungsgebers in den Blick zu nehmen. Hat der Sicherungsgeber zugesagt, ein das gesicherte Recht deckendes Gebot in der Zwangsversteigerung abzugeben, so ergibt sich aus dem Nennbetrag der Hypothek oder Grundschuld (unter Beachtung von Zinsen und Nebenleistungen) zunächst einmal der Schaden des Sicherungsnehmers.[384]

War die Verpflichtung des Sicherungsgebers jauf die Abgabe eines Gebotes in bestimmter Höhe beschränkt, ist dies auch bei der Bestimmung des Schadensumfanges zu beachten.

In beiden Fällen ist dann darauf zu blicken, inwieweit der Sicherungsnehmer durch das Gebot des Dritten befriedigt wurde. Die Differenz zwischen der im Fall der ordnungsgemäßen Erfüllung zu erzielenden Befriedigung und der tatsächlich eingetretenen Befriedigung bildet dann die Grundlage für die Bestimmung des beim Sicherungsnehmer entstandenen Schadens.

Zweifelhaft ist, ob der so festzustellende Schaden im Einzelfall auch höher oder niedriger als der Nennbetrag der Hypothek oder Grundschuld ausfallen kann. So wird behauptet, dass der Schaden des Sicherungsnehmers unter dem Nennbetrag liegt, wenn dem Sicherungsgeber zugesagt wurde, dass die Hypothek oder Grundschuld unverzinslich stehen bleiben soll.[385] Aber eine derartige Zusage ändert nichts daran, dass der Sicherungsnehmer in Höhe des Nennbetrages einen Ausfall erlitten hat. Sie berührt den durch die Nichtabgabe des vereinbarten Gebotes entstandenen Schaden gar nicht. Sie bedeutet lediglich, dass ein darüber hinausgehender Schaden nicht entstehen kann.

Möglicherweise entsteht ein solcher weiterer Schaden aber dann, wenn der Sicherungsnehmer zugesagt hatte, dass die Hypothek oder Grundschuld nach der Ersteigerung durch den Sicherungsgeber zu bestimmten Bedingungen

---

383 Für § 280 BGB: BGH NJW 1983, 443; MünchKomm(Emmerich), § 280 Rn. 16.
Für § 325 BGB: BGHZ 99, 182(196 f.); MünchKomm(Emmerich), § 325 Rn. 78.

384 Kuth, S. 30; Hennings, S. 40; Droste MittRhNotK 1995, 47.

385 Diese Überlegung stammt von Kuth, S. 30, und wird heute so von Droste MittRhNotK 1995, 46 aufgegriffen.

stehen bleibt und es dem Sicherungsgeber gerade auf diese Vereinbarung ankam.[386] Allerdings muss in jedem Einzelfall herausgearbeitet werden, ob dem Sicherungsnehmer tatsächlich ein weiterer Schaden entstanden ist. Die bloße Vereinbarung eines dinglichen Zinssatzes begründet dies noch nicht. Denn damit dadurch ein Schaden entstehen kann, wäre es zunächst einmal notwendig, dass die Hypothek oder Grundschuld tatsächlich auch gegenüber dem Sicherungsgeber fällig würde.

Zumindest dann, wenn der Sicherungsnehmer die Zusage gegeben hat, um ein Finanzierungsgeschäft mit dem Sicherungsgeber zu ermöglichen, könnte sich ein solcher weiterer Schaden aber regelmäßig bejahen lassen. Gedacht ist an den Fall, dass der Sicherungsnehmer die Zusage zum Bestehen lassen der Hypothek oder Grundschuld gegeben hat, damit durch dieses Recht ein Darlehen an den Sicherungsgeber gesichert wird. In diesem Fall verhindert die Nichtabgabe eines Gebotes in der Zwangsversteigerung nicht nur die Erfüllung der Verpflichtung aus der strengen Ausbietungsgarantie, sondern auch die Auszahlung der Darlehenssumme. Denn diese war an die erfolgreiche Sicherung durch eine Hypothek oder Grundschuld gebunden. Durch die fehlende Auszahlung erhält der Sicherungsnehmer aber auch keinen Anspruch auf die vereinbarten Zinsen. Somit führt die gescheiterte Sicherung durch eine Hypothek oder Grundschuld zu einem weiteren Schaden bei dem Sicherungsnehmer. Die erfolgreiche Sicherung scheitert daran, dass der Sicherungsgeber das Grundstück gar nicht in sein Eigentum aufnimmt. Die versäumte Abgabe eines Gebotes in der Zwangsversteigerung und damit die Nichterfüllung der Verpflichtung aus der strengen Ausbietungsgarantie hat damit zur Nichtauszahlung der Darlehenssumme und zum Verlust des Anspruches auf die Darlehenszinsen geführt. Bei einer derartigen Konstellation können somit auch die Darlehenszinsen als Schadenersatzanspruch geltend gemacht werden. Dabei ist allerdings zu beachten, dass der Sicherungsnehmer, zumindest im Regelfall, Aufwendungen für die Beschaffung der Finanzierungsmittel erspart. Er muss durch den Wegfall der eigenen Verpflichtungen nicht mehr für eine eigene Refinanzierung sorgen. Die Zinsen, die für diese Refinanzierung notwendig gewesen wären, sind ersparte Aufwendungen, die bei der Schadensberechnung zu berücksichtigen sind. Der Schaden bestimmt sich folglich nur aus der Differenz zwischen vereinbartem Zinssatz und Refinanzierungszinssatz.

2. Der Sicherungsnehmer hat das haftende Grundstück selbst ersteigert

Anders stellt sich die Situation dar, wenn der Sicherungsnehmer selbst das Grundstück ersteigert hat, weil der Sicherungsgeber das zugesagte Gebot in der Zwangsversteigerung nicht abgegeben hat. Auch hier kann der Sicherungsgeber

386 Kuth, S. 30; Hennings, S. 40; Droste MittRhNotK 1995, 47.

seiner Verpflichtung zur Abgabe eines Gebotes in der Zwangsversteigerung nicht mehr nachkommen. Insoweit besteht dann also gleichfalls ein Schadenersatzanspruch des Sicherungsnehmers aus § 280 Abs. 1 BGB (bzw. aus § 325 Abs. 1 BGB).

Fraglich ist, ob hier die Naturalrestitution i.S.des § 249 S. 1 BGB möglich ist. Hier kann der Sicherungsgeber das Grundstück vom Sicherungsnehmer schließlich übernehmen.[387] Etwaige Zusagen des Sicherungsnehmers können gleichfalls auch jetzt noch erfüllt werden.[388] Eine Entschädigung in Geld nach § 251 Abs. 1 kommt daher regelmäßig nicht in Betracht.[389] Es liegt hier ein Fall eines Anspruches auf Schadenersatz wegen Unmöglichkeit vor, bei dem eine Herstellung in Natur nicht ausgeschlossen ist.[390]

Durch die Naturalrestitution wird eine anderenfalls nicht ganz einfache Berechnung des Schadenumfanges unter Berücksichtigung etwaiger dem Sicherungsnehmer durch den Erwerb des Grundstücks zugeflossener Vorteile vermieden.[391] Ein Entschädigung in Geld kann daher allenfalls dann in Betracht kommen, wenn der Sicherungsnehmer dem Sicherungsgeber eine Frist zur Übernahme des Grundstücks gemäß § 250 BGB gesetzt hat und der Sicherungsgeber dieser Verpflichtung innerhalb dieser Frist nicht nachkommt.

L. Wegfall der Verpflichtung

I. Unverschuldete Unkenntnis des Sicherungsgebers vom Versteigerungstermin

Ein Anspruch aus § 280 Abs. 1 BGB oder § 325 Abs. 1 BGB setzt jedoch voraus, dass die Unmöglichkeit durch den Sicherungsgeber zu vertreten ist. Gemäß der Legaldefinition des § 276 BGB bedeutet dies, dass der Sicherungsgeber vorsätzlich oder fahrlässig gehandelt haben muss. Der Sicherungsgeber kann seine Verpflichtung – die Abgabe eines bestimmten Gebotes in der Zwangsversteigerung - überhaupt nur erfüllen, wenn er von dieser Zwangsversteigerung weiß. Dies bedeutet, dass der Sicherungsgeber, der ohne eigenes Verschulden keine Kenntnis vom Versteigerungstermin hatte, weder fahrlässig noch vorsätzlich die Abgabe eines Gebotes in der Zwangsversteigerung unterlässt. In einem

387 RGZ 91, 213(216); Droste MittRhNotK 1995, 47.

388 Droste MittRhNotK 1995, 47.

389 Dies wird in der Literatur übersehen, wenn eine derartige Entschädigung näher untersucht wird. Vgl.: Werkmeister, S. 40 ff.; Kuth, S. 29; Hennings, S. 40.

390 Auch der Anspruch wegen zu vertretender Unmöglichkeit nach § 280 Abs. 1 oder § 325 Abs. 1 BGB richtet sich zunächst einmal - wie jeder andere Schadenersatzanspruch - auf Naturalrestitution (Vgl. Palandt(Heinrichs), § 280 Rn. 5), nur ist diese wegen der Natur des Anspruches zumeist nicht möglich [BGH NJW 1984 2570(2571)].

391 Ausführlich zu dieser Berechnung: Droste MittRhNotK 1995, 47 und 50 ff.

derartigen Fall wird er von seiner Verpflichtung aus der strengen Ausbietungsgarantie frei, wenn ein Dritter das Grundstück ersteigert hat.[392] Insbesondere ist er auch keinen Schadenersatzansprüchen ausgesetzt. Der Sicherungsnehmer wird daher stets darauf achten müssen, dass er den Sicherungsgeber von der anberaumten Zwangsversteigerung unterrichtet. Anderenfalls läuft er Gefahr, sowohl den Primäranspruch aus der Garantie als auch einen möglichen Schadenersatzanspruch zu verlieren.

II. Nichtentstehung oder Auflösung des gesicherten Rechtes

Es ist oben[393] festgestellt worden, dass die Verpflichtung aus der strengen Ausbietungsgarantie nicht-akzessorisch zu der gesicherten (dinglichen) Verpflichtung aus der Hypothek oder Grundschuld ist. Insoweit kann also auch der rechtliche Bestand des gesicherten Rechtes zunächst einmal keine Bedeutung für die Verpflichtung des Sicherungsgebers haben.

Zweifelhaft ist jedoch, ob nach dem Zweck der Vereinbarung ein Wegfall der Verpflichtung des Sicherungsgebers dann anzunehmen ist, wenn die gesicherte Hypothek oder Grundschuld nicht wirksam entstanden bzw. weggefallen ist. Dies wird durchgängig bejaht.[394] Begründet wird dieses Ergebnis damit, dass die Ausbietungsgarantie ihre Aufgabe und Zweckbestimmung mit dem Wegfall dessen verliere, worauf sie sich beziehe.[395]

Bei dieser Begründung scheint jedoch eine Zweckbestimmung vorausgesetzt zu werden, die gar nicht nachgewiesen ist. Die entscheidende Frage ist gerade, wie weit der Zweck der strengen Ausbietungsgarantie – die Sicherung des Sicherungsnehmers vor einem Ausfall – reichen soll. Es ist nicht zwingend, dass der Zweck der Vereinbarung die Haftung für den rechtlichen Bestand ausschließen soll. Ebenso gut lässt sich auch umgekehrt argumentieren: Durch den Vertrag soll der Sicherungsnehmer umfassend vor einem Ausfall geschützt werden und zwar auch dann, wenn das gesicherte Recht nicht oder nicht mehr besteht. So verstanden würde der Sicherungsgeber dann also gerade auch für den rechtlichen Bestand des gesicherten Rechtes haften.

Fraglich erscheint jedoch, ob eine derartige Sicherung des rechtlichen Bestandes einer Hypothek oder Grundschuld durch eine strenge Ausbietungsgarantie überhaupt möglich ist.

Der Erlös der Zwangsversteigerung kommt nur den Gläubigern zugute, die ein Recht an dem haftenden Grundstück haben. Daraus folgt, dass der Sicherungs-

392 Droste MittRhNotK 1995, 48; Hennings, S. 39.
393 Seite 107.
394 Stillschweig, Ausbietungsgarantie JW 1914, 338; Kuth, S. 15 f.; Werkmeister, S. 26; Droste MittRhNotK 1995, 50; Hennings, S. 39.
395 Kuth, S. 16.

nehmer für den Fall, dass seine Hypothek oder Grundschuld nicht entstanden oder weggefallen ist, gar nicht von der Abgabe eines Gebotes in der Zwangsversteigerung profitieren kann. In diesem Fall kann der Zweck der Vereinbarung – die Sicherung des Sicherungsnehmers – gar nicht mehr in der vorgesehenen Weise, durch Abgabe eines Gebotes in der Zwangsversteigerung, erreicht werden. Und aus dieser Unmöglichkeit der Zweckerreichung durch die vertragliche Verpflichtung folgt dann in der Tat, dass die Verpflichtung des Sicherungsgebers bei Nichtentstehen oder Wegfall des gesicherten Rechtes entfällt.

M. Zusammenfassung der Ergebnisse

Die strenge Ausbietungsgarantie unterscheidet sich bereits durch die Art der Verpflichtung von der Ausfallverhütungsgarantie. Geschuldet wird hier die Abgabe eines Gebotes in der Zwangsversteigerung. Zudem wird sie im Gegensatz zur Ausfallverhütungsgarantie meist zu einem Zeitpunkt übernommen, zu dem die Zwangsversteigerung des haftenden Grundstücks unmittelbar bevorsteht oder bereits beantragt ist. Dabei stellt die strenge Ausbietungsgarantie eine besondere Form eines Garantievertrages dar.

Beim Abschluss einer strengen Ausbietungsgarantie ist die Form des § 313 S. 1 BGB zu beachten. Sofern ein Minderjähriger die Garantie übernimmt, bedarf es der vormundschaftsgerichtlichen Genehmigung gemäß §§ 1643, 1821 Abs. 1 Nr. 5 BGB .

In einer Unternehmensbilanz nach dem HGB ist die strenge Ausbietungsgarantie nur dann vermerkpflichtig, wenn sie die Auszahlung eines Darlehens an einen Dritten ermöglichen soll.

Durch den Abschluss einer strengen Ausbietungsgarantie entsteht noch keine Steuerpflicht nach dem GrEStG, problematisch kann die Steuerpflicht aber bei Einschalten eines Dritten in die Erfüllung der Verpflichtung werden.

Die Einräumung von Vorteilen durch den Sicherungsnehmer ist nicht sittenwidrig. Grundsätzlich kann der Sicherungsnehmer auch weitere strenge Ausbietungsgarantien mit anderen Schuldnern abschließen. Etwas anderes gilt jedoch bei einer gegenteiligen Zusage durch den Sicherungsnehmer. Eine solche Zusage ist zeitlich nicht bis zur Zuschlagserteilung beschränkt.

Bei einer Abtretung der gesicherten Hypothek oder Grundschuld bleibt § 401 BGB außer Anwendung. Von einem Wechsel des Eigentümers des haftenden Grundstücks bleibt die Verpflichtung des Sicherungsgebers ebenso unberührt wie von der Übernahme der durch die Hypothek oder Sicherungsgrundschuld gesicherten persönlichen Forderung durch einen Dritten.

Erfüllen muss der Sicherungsgeber seine Verpflichtung durch eine Abgabe eines Gebotes in der Zwangsversteigerung. Allerdings besteht die Verpflichtung nur dann, wenn das gesicherte Recht nicht innerhalb des geringsten Gebots liegt. Mit der Abgabe des vertragsgemäßen Gebotes hat der Sicherungsgeber seine Verpflichtung dann erfüllt. Wird er überboten, so lebt seine Verpflichtung ohne ausdrückliche Vereinbarung der Vertragsparteien in einer etwaigen Wiederversteigerung nicht erneut auf.

Solange die Zwangsversteigerung nicht durch den Sicherungsnehmer betrieben wird, kann der Sicherungsgeber die erfolgreiche Durchführung der Zwangsversteigerung verhindern.

Gibt der Sicherungsgeber kein vertragsgemäßes Gebot in der Zwangsversteigerung des haftenden Grundstücks ab, so ergeben sich Schadenersatzansprüche des Sicherungsnehmers. Die Art und Weise und der Umfang der Ansprüche hängen davon ab, ob die Zwangsversteigerung mit einer Zuschlagserteilung geendet hat oder nicht. Wenn sie mit einer Zuschlagserteilung geendet hat, so unterscheidet sich der Anspruch noch danach, ob der Sicherungsnehmer oder ein Dritter den Zuschlag erhalten hat. Hat ein Dritter das Grundstück ersteigert, so richtet sich der Umfang des Anspruchs des Sicherungsnehmers nach § 252 Abs. 1 BGB. Hat der Sicherungsnehmer das Grundstück ersteigert, so ist Naturalrestitution möglich. Kein Schadenersatzanspruch entsteht, wenn der Sicherungsgeber ohne eigenes Verschulden keine Kenntnis vom Versteigerungstermin hatte.

Eine Haftung für den rechtlichen Bestand der gesicherten Hypothek oder Grundschuld ist durch eine strenge Ausbietungsgarantie rein tatsächlich nicht möglich.

Teil 3 Besondere Probleme einer Mischform zwischen strenger Ausbietungsgarantie und Ausfallverhütungsgarantie

Die Ausfallverhütungsgarantie und die strenge Ausbietungsgarantie haben nach dem bisher Festgestellten zwar einige Gemeinsamkeiten. Sie unterscheiden sich jedoch sowohl in ihrem wirtschaftlichen Hintergrund als auch in der konkreten Verpflichtung ganz erheblich. Dennoch kommt es in der Praxis vor, dass ein Vertrag geschlossen wird, in dem beide Formen der Ausbietungsgarantie eingearbeitet sind. Formuliert ist ein solcher Vertrag etwa wie folgt:

„Im Grundbuch von ... ist zu Lasten des Grundstücks FlSt. Nr. ... in Abt. III eine Grundschuld in Höhe von ... für die B-Bank eingetragen. A übernimmt gegenüber der B-Bank die Gewähr für diese Grundschuld in folgendem Umfang:

Er wird entweder

a) in der Zwangsversteigerung des haftenden Grundstücks ein Gebot abgeben, das die Gesamtforderung der B-Bank aus der Grundschuld einschließlich Zinsen und sonstigen Nebenleistungen deckt

oder

b) er wird dafür einstehen, dass bei Ersteigerung des haftenden Grundstücks der B-Bank kein Ausfall an Kapital, Zinsen oder sonstigen Nebenleistungen entsteht."

Der Schuldner kann bei dieser Vertragsgestaltung entscheiden, auf welchem Weg er den Vertrag erfüllt. Es liegt eine Wahlschuld i.S.des § 262 BGB vor. Da bei einer Wahlschuld gemäß § 263 Abs. 2 BGB nach der Ausübung des Wahlrechtes die gewählte Schuld als von Anfang an geschuldet gilt, wird ein derartiger Vertrag in der überwiegenden Zahl der Fälle in der Abwicklung gar keine Besonderheiten zu den „reinen" Formen der Ausbietungsgarantie aufweisen.

Problematisch kann hingegen die Frage der Formbedürftigkeit eines solchen gemischten Vertrages werden. Dies zeigt ein vom BGH im Jahre 1992 entschiedener Fall.[396] Dort war der gesamte Vertrag privatschriftlich abgefasst worden. Fraglich ist, ob dieser Vertrag nicht eigentlich der notariellen Beurkundung bedurft hätte. Oben[397] ist herausgearbeitet worden, dass die strenge Ausbietungsgarantie gemäß § 313 S. 1 BGB der notariellen Beurkundung bedarf, da

396 BGH NJW-RR 1993, 14.
397 Seite 109 ff.

sie eine bedingte Erwerbsverpflichtung darstellt.[398] Damit stellt sich hier die Frage, welche Auswirkungen diese Erkenntnis für einen gemischten Vertrag hat.

Auch bei dem gemischten Vertrag stellt zumindest die eine Verpflichtung eine bedingte Erwerbsverpflichtung dar, denn wenn der Sicherungsgeber sich entschließt durch Abgabe eines Gebotes zu erfüllen, weist der Vertrag keine Unterschiede mehr zu einer (einfachen) strengen Ausbietungsgarantie auf. Der Teil, durch den der Sicherungsgeber sich zur Abgabe eines Gebotes verpflichtet, bedarf daher der notariellen Beurkundung.[399] Fraglich ist, ob dies auch auf den Teil durchschlägt, der inhaltlich eine bloße Ausfallverhütungsgarantie darstellt, sodass der gesamte Vertrag zu seiner Wirksamkeit der Form des § 313 S. 1 BGB bedarf.

Dafür spricht zumindest der Gesichtspunkt der Rechtssicherheit. Eine Formvorschrift wie die des § 313 S. 1 BGB kann ihre beabsichtigten Wirkungen im Rechtsverkehr nur dann entfalten, wenn im Einzelfall nicht streitig ist, ob sie überhaupt beachtet werden muss oder nicht.[400] Allerdings lässt sich dem entgegenhalten, dass sich zumindest bei einer Erwerbsverpflichtung der Vertragsteil, der diese Verpflichtung begründet, ohne Schwierigkeiten von jenem Teil abgrenzen lässt, der eine solche Pflicht nicht begründet. Daraus könnte die Schlussfolgerung gezogen werden, dass jeder Teil weitgehendst selbständig sei und folglich auch nach den für ihn geltenden Regeln zu behandeln sei.[401] Schwierigkeiten bei der Abgrenzung von beurkundungspflichtigem und formfreiem Teil können schließlich gar nicht entstehen. Dieser Überlegung kann jedenfalls nicht entgegengehalten werden, dass durch ein Wahlverhältnis immer eine bedingte Erwerbsverpflichtung begründet werde.[402] Entscheidet sich der Sicherungsgeber für eine bloße Ausgleichszahlung, so besteht für ihn gerade keine, und zwar auch keine mittelbare, Verpflichtung zur Abgabe eines Gebotes in der Zwangsversteigerung.[403]

Der Gesichtspunkt der Rechtssicherheit mag jedoch aus einem anderen Grunde für die Formbedürftigkeit des gesamten Vertrages sprechen. Denn bei einer Wahlschuld liegt es im Ermessen des Schuldners, für welche Verpflichtung er sich entscheidet. Dann liegt es aber auch während der gesamten Vertragslaufzeit im Ermessen des Schuldners, sich für die wegen Formmangels unwirksame Verpflichtung zu entscheiden. Tut er dies, so müsste seine Verpflichtung dann

---

398 Siehe Seite 112.

399 BGH NJW-RR 1993, 14 f., Droste MittRhNotK 1995, 43.

400 So MünchKomm(Kanzleiter), § 313 Rn. 34 für eine wahlweise geschuldete Übergabeverpflichtung.

401 Vgl. BGH NJW-RR 1993, 14(15).

402 Staudinger(Wufka), § 313 Rn. 84.

403 Dass eine Ausfallverhütungsgarantie keine Erwerbsverpflichtung begründet, war bereits auf Seite 58 ff. dargestellt worden.

entfallen, da der Vertrag wegen des Formmangels nichtig ist. Wollte man dem entgegenhalten, dass der Schuldner dann auf die wirksame Verpflichtung verwiesen werden kann,[404] so würde dadurch der von den Parteien gewählte Charakter der Wahlschuld aufgehoben. Denn bei einer solchen tritt mit der Wahl die Konkretisierung der Leistung ein.[405] Da es bei einem derartigen Vertrag also immer im Ermessen des Schuldners stünde, ob letztendlich eine wirksame Verpflichtung besteht oder nicht, ist unter dem Gesichtspunkt der Rechtssicherheit eine Beurkundung des gesamten Vertrages notwendig.

Ein Vertrag, der sowohl eine strenge Ausbietungsgarantie als auch eine Ausfallverhütungsgarantie umfasst, bedarf also insgesamt der Form des § 313 S. 1 BGB. Im Übrigen sind die Regeln der jeweiligen Erscheinungsform auf diesen Vertrag anwendbar.

404 So BGH NJW-RR 1993, 14(15).
405 Palandt(Heinrichs), § 262 Rn. 2; Staudinger(Selb), § 262 Rn. 15.

Literaturverzeichnis

Adler, Hans/Düring, Walter/Schmaltz, Kurt, Rechnungslegung und Prüfung der Unternehmen, Teilband 6, 6. Auflage, Stuttgart 1998, zit.: ADS.

Bauch, Josef, Zur Befriedigungsfiktion nach § 114a ZVG, in: Rpfleger 1986, S. 457.

Baur, Fritz/Baur, Jürgen F./Stürner; Rolf, Sachenrecht, 17. Auflage, München 1999.

Beck'scher Bilanzkommentar, 3. Auflage, München 1995, zit.: Beck'scher Bilanzkommentar(Bearbeiter).

Beck'sches Formularhandbuch zum Bürgerlichen, Handels- und Wirtschaftsrecht, herausgegeben von Michael Hoffmann-Becking und Helmut Schippel, 7. Auflage, München 1998, zit.: Beck'sches Formularhandbuch(Bearbeiter).

Blohmeyer, Karl, Anmerkungen zum Urteil des OLG Köln vom 4. Mai 1932 (3 U 121/31), in: JW 1933, S. 1268.

Boetius, Jan, Der Garantievertrag, Diss. München 1966.

Böttcher, Roland, Gesetz über die Zwangsversteigerung und die Zwangsverwaltung (ZVG), 2. Auflage, München 1996.

Brox, Hans, Allgemeiner Teil des BGB, 23. Auflage, Köln (u.a.) 1999, zit.: Brox AT.

Brox, Hans/Walker, Wolf-D., Zwangsvollstreckungsrecht, 6. Auflage, München 1999, zit.: Brox/Walker, ZwangsvollstreckungsR.

Bydlinski, Peter, Verjährung und Abtretbarkeit von Bürgschaftsansprüchen, in: ZIP 1989, S. 953.

Canaris, Claus-Wilhelm, Bankvertragsrecht, Erster Teil, 3. Auflage, Berlin (u.a.) 1988, zit.: Canaris, BankvertragsR.

Creifelds, Carl, Deutsches Rechtswörterbuch, herausgegeben von Klaus Weber, 15. Auflage, München 1999.

Dassler, Gerhard/Schiffhauer, Horst/Gerhardt, Walter/Muth, Johannes M., Gesetz über die Zwangsversteigerung und Zwangsverwaltung, 12. Auflage, Stuttgart (u.a.) 1991, zit.: Dassler/Schiffhauer/Gerhardt/Muth(Bearbeiter).

Deutsches Rechtslexikon, herausgegeben von Horst Tilch, Band 1, 2. Auflage, München 1992.

Droste, Andreas, Die Ausbietungsgarantie in der notariellen Praxis, in: MittRhNotK 1995, S. 37.

Drucksachen, Verhandlungen des Deutschen Bundestages, 7. Wahlperiode, Anlagen zu den stenographischen Berichten, Band 168, Bonn 1972/73.

Enneccerus, Ludwig/Lehmann, Heinrich, Recht der Schuldverhältnisse, 14. Bearbeitung, Tübingen 1954.

Erman, Walter, Handkommentar zum Bürgerlichen Gesetzbuch, 10. Auflage, Band 1 und Band 2, Münster (u.a.) 2000, zit.: Erman(Bearbeiter).

Esser, Josef/Schmidt, Eike, Schuldrecht, Band I, Allgemeiner Teil, Teilband 1, 8. Auflage, Heidelberg 1995, zit.: Esser/Schmidt, Schuldrecht AT I.

Eubel, Hanns, Die rechtliche Natur der selbständig übernommenen Ausbietungsgarantie, Diss. Kiel 1927.

Fey, Gerd, Grundsätze ordnungsgemäßer Bilanzierung, für Haftungsverhältnisse, Diss. Münster 1989.

Fikentscher, Wolfgang, Schuldrecht, 9. Auflage, Berlin (u.a.) 1997.

Flume, Werner, Allgemeiner Teil des Bürgerlichen Rechts, 2. Band, 3. Auflage, Berlin (u.a.) 1979.

Gierke, Julius von, Das Sachenrecht des bürgerlichen Rechts, 4. Auflage, Berlin (u.a.) 1959.

Gierke, Otto, Deutsches Privatrecht, 2. Band (Sachenrecht), Leipzig 1905.

Hadding, Walther/Häuser, Franz/Welter, Reinhard, Bürgschaft und Garantie, in: Gutachten und Vorschläge zur Überarbeitung des Schuldrechts, Band III, herausgegeben vom Bundesminister der Justiz, Köln 1983, S. 571.

Hallermann, Anmerkung zum Urteil des Reichgerichtes vom 25. Februar 1932 (503/31 VI – Marienwerder), in: JW 1932, S. 1552.

Heck, Philipp, Grundriß des Schuldrechts, Tübingen 1929, zit.: Heck, Schuldrecht.

Heiderhoff, Dirk, Bietungsabkommen im Zwangsversteigerungsverfahren, in: MittRhNotK 1966, S. 45.

Hennings, Dorothee, Die Ausbietungsgarantie, 6. Auflage, Stuttgart 1998.

Herfurth, Rolf, Ausbietungsgarantie = Kredit gemäß § 19 KWG und vermerkpflichtige Eventualverbindlichkeit?, in: WPg 1977, S. 349.

Horn, Peter, § 313 und die selbständige Ausbietungsgarantie, in: WM 1974, S. 1038.

Kahler, Ulrich, Die fiktive Befriedigung gemäß § 114a ZVG, in: MDR 1983, S. 903.

Kalter, Anton, Die Bietungsabkommen, in: KTS 1964, S. 193.

Kesten, Fritz/Bühling, Selmar, Formularbuch und Praxis der Freiwilligen Gerichtsbarkeit, Erster Halbband, 19. Auflage, München 1987, zit.: Kesten/Bühling(Bearbeiter).

Kleiner, Beat, Die Abgrenzung der Garantie von der Bürgschaft und anderen Vertragstypen, 2. Auflage, Zürich 1974.

Knütel, Rolf, Zur Frage der sog. Diligenzpflichten des Gläubigers gegenüber dem Bürgen, in: Festschrift für Werner Flume, herausgegeben von Horst Heinrich Jakobs, Brigitte Knobbe-Keuk, Eduard Picker, Jan Wilhelm, Köln 1978, S. 559, zit.: Knütel, FS Flume.

Krech, Ausbietungsabkommen mit mehreren Interessenten, in: BankA 1937/38, S. 332.

Kuth, Wilhelm, Die rechtliche Bedeutung der Ausbietungsgarantie, Diss. Köln 1936.

Lange, Hermann, Die Vorteilsausgleichung, in: JuS 1978, S. 649.

Larenz, Karl, Methodenlehre der Rechtswissenschaft, 6. Auflage, Berlin (u.a.) 1991, zit.: Larenz, Methodenlehre.

Larenz, Karl/ Canaris, Claus-Wilhelm, Lehrbuch des Schuldrechts, Zweiter Band, Besonderer Teil, 2. Halbband, 13. Auflage, München 1994, zit.: Larenz/Canaris, BT 2.

Lettl, Tobias, Akzessorietät contra Sicherungszweck, in: WM 2000, S. 1316.

Lübtow, Ulrich von, Die Struktur der Pfandrechte und Reallasten, in: Festschrift für Heinrich Lehmann zum 80. Geburtstag, herausgegeben von Hans Carl Nipperdey, I. Band, Berlin (u.a.) 1956, zit.: von Lübtow, FS Lehmann.

- Zur Anfechtung von Willenserklärungen wegen arglistiger Täuschung, in: Entwicklungstendenzen im Wirtschafts- und Unternehmensrecht, Festschrift für Horst Bartholomeyczik, herausgegeben von Wolfgang Harms, Dieter Heckelmann, Robert Knöpfle, Arndt Teichmann, Berlin 1973, S. 249, zit.: von Lübtow, FS Bartholomeyczik.

Medicus, Dieter, Durchblick: Die Akzessorietät im Zivilrecht, in: JuS 1971, S. 497, zit.: Medicus, Akzessorietät.

- Entwicklungen im Bürgschaftsrecht – Gefahren für die Bürgschaft als Mittel der Kreditsicherung?, in: JuS 1999, S. 833, zit.: Medicus, Gefahren.

Mohrbutter, Jürgen/Drischler, Karl/Radtke, Manfred/Tiedemann, Heinz-Adolf, Die Zwangsversteigerungs- und Zwangsverwaltungspraxis, Band 1, 7. Auflage, Köln (u.a.) 1986.

Motive, Die Gesamten Materialien zum Bürgerlichen Gesetzbuch für das Deutsche Reich, Band 2 (Recht der Schuldverhältnisse) und Band 3 (Sachenrecht) zitiert nach Benno Mugdan, Neudruck der Ausgaben Berlin 1899, Aalen 1979, zit.: Motive II und Motive III.

Müller, Klaus, Sachenrecht, 4. Auflage, Köln (u.a.) 1997.

Münchener Kommentar zum Bürgerlichen Gesetzbuch, herausgegeben von Kurt Rebmann, Franz Jürgen Säcker, Roland Rixecker, 3. Auflage, Band 2, Schuldrecht Allgemeiner Teil (§§ 241-432), München 1994; Band 5, Schuldrecht Besonderer Teil III (§§ 705-853, Partnerschaftsgesetz, Produkthaftungsgesetz), München 1997; Band 6, Sachenrecht (§§ 854-1296), München 1997, zit.: MünchKomm(Bearbeiter).

Münchener Vertragshandbuch, herausgegeben von Gerrit Langenfeld, Band 4: Bürgerliches Recht, 2. Halbband, München 1992, zit.: MünchVertragshandbuch(Bearbeiter).

Muth, Johannes M., Alte und neue Fragen zur Befriedigungsfiktion des § 114 a ZVG, in: Rpfleger 1987, S. 89 zit.: Muth, Befriedigungsfiktion Rpfleger 1987.

- Probleme bei der Abgabe eines Gebots in der Zwangsversteigerung aus Gläubigersicht, in: ZiP 1986, 350, zit.: Muth, Probleme ZiP 1986.
- Anmerkung zum Urteil des OLG Celle vom 19.10.1988 (6 U 33/88), in: Rpfleger 1989, S. 119, zit.: Muth, Anmerkung Rpfleger 1989.
- Zwangsversteigerungspraxis, Frankfurt 1989, zit.: Muth, Zwangsversteigerungspraxis.

Nebe, Herbert, Die Ausbietungsgarantie bei Zwangsversteigerungen, Diss. Rostock 1936.

Oertmann, Die Ausbietungsgarantie, in: DJZ 1919, S. 228.

Ott, Eckhard, Der Schutz des Schuldners und der nachrangigen Gläubiger vor Vermögensverschleuderung im Zwangsversteigerungsverfahren, Frankfurt a.M. (u.a.) 1998.

Pahlke, Armin/Franz, Willy, Grunderwerbssteuergesetz, 2. Auflage, München 1999, zit.: Pahlke/Franz(Bearbeiter).

Palandt, Otto, Bürgerliches Gesetzbuch, 58. Auflage, München 1999, zit.: Palandt^{58}(Bearbeiter); 59. Auflage, München 2000, zit.: Palandt(Bearbeiter).

Peters, Frank, Der Einwand des Mitverschuldens gegenüber Erfüllungsansprüchen, in: JZ 1995, S. 754.

Pikalo, Alfred, Erscheinungsformen und Rechtsnatur der Ausbietungsgarantie, Diss. Köln 1932.

Pleyer, Klemens, Die Bankgarantie im zwischenstaatlichen Handel, in: WM, Sonderbeilage Nr. 2 von 1973.

Protokolle der Kommission für die zweite Lesung des Entwurfs des Bürgerlichen Gesetzbuches, bearbeitet von Achilles/Spahn/Gebhard, Band I, Berlin 1897.

Reichsgerichtsrätekommentar, Das Bürgerliche Gesetzbuch mit besonderer Berücksichtigung der Rechtsprechung des Reichsgerichts und des Bundesgerichtshofes, herausgegeben von Mitgliedern des Bundesgerichtshofes. 8. Auflage, Band 2, Recht der Schuldverhältnisse (§§ 433-853), Berlin (u.a.) 1934, zit.: RGRK^{8}(Bearbeiter).

- 12. Auflage, Band I (§§ 1-240) Berlin (u.a.) 1982, Band II, 4. Teil (§§ 631-811) Berlin (u.a.) 1978, zit.: RGRK (Bearbeiter).

Schapp, Jan, Sachenrecht, 2. Auflage, München 1995, zit.: Schapp, Sachenrecht.
- Zum Wesen des Grundpfandrechtes, in: Geschichtliche Rechtswissenschaft, Festgabe für Alfred Söllner zum 60. Geburtstag, herausgegeben von Gerhard Koebler, Gießen 1990, S. 477, zit.: Schapp, FS Söllner.

Schönke, Adolf/ Baur, Fritz/ Stürner, Rolf, Zwangsvollstreckungs-, Konkurs- und Vergleichsrecht, Band I, 12. Auflage, Heidelberg 1995.

Schröder, Bernhard, Die Ausfallbürgschaft unter Abgrenzung von der Ausfallgarantie, Diss. Marburg 1931.

Schwab, Karl Heinz/Prütting, Hanns, Sachenrecht, 28. Auflage des von Friedrich Lent begründeten Werkes, München 1999.

Sichtermann, Siegfried/Hennings, Dorothee, Die Ausbietungsgarantie, 5. Auflage, Stuttgart 1992, zit.: Sichtermann/Hennings^5.

Soergel, Hans Theodor, Bürgerliches Gesetzbuch mit Einführungsgesetz und Nebengesetzen, 10. Auflage: Band III, Schuldrecht II (§§ 611-853), Stuttgart (u.a.) 1969, zit.: Soergel^{10}(Bearbeiter); 12. Auflage: Band 2, Schuldrecht I (§§ 241-432), Stuttgart 1990, Band 6, Sachenrecht (§§ 854-1296), Stuttgart 1990; 13. Auflage: Band 2 (§§ 104-240), Stuttgart 1999, zit.: Soergel(Bearbeiter).

Stammler, Rudolf, Der Garantievertrag, in: AcP 69 (1886), S. 1

Staudinger, Julius von, Kommentar zum Bürgerlichen Gesetzbuch mit Einführungsgesetz und Nebengesetzen, 13. Bearbeitung, Erstes Buch (Allgemeiner Teil): §§ 134-163, Berlin 1996; Zweites Buch (Schuldrecht): §§ 249-254, Berlin 1998; §§ 255-292, Berlin 1995; §§ 293-327, Berlin 1995; §§ 397-432, Berlin 1999; §§ 433-534, Berlin 1995; §§ 765-778, Berlin 1997; Drittes Buch (Sachenrecht): §§ 1113-1203, Berlin 1996, zit.: Staudinger(Bearbeiter).

Steiner, Anton, Zwangsversteigerung und Zwangsverwaltung, 9. Auflage, Band 1 (§§ 1-104), München 1984; Band 2 (§§ 105-185 und landesrechtliche Vorschriften), München 1986, zit.: Steiner (Bearbeiter).

Stillschweig, Die Ausbietungsgarantie, in JW 1914, S. 334, zit.: Stillschweig, Ausbietungsgarantie.
- Zur rechtsgeschäftlichen Ausgestaltung des Ausbietungsabkommens, JW 1919, S. 372, zit.: Stillschweig, Ausgestaltung.

Storz, Karl-Alfred, Praxis des Zwangsversteigerungsverfahrens, 8. Auflage, München 2000.

Werkmeister, Friedrich, Die Ausbietungsgarantie, Diss. Köln 1931.

Westermann, Harry, Sachenrecht, 5. Auflage, Karlsruhe 1966, zit.: Westermann[5].

Westphalen, Friedrich Graf von, Die Bankgarantie im internationalen Handelsverkehr, 2. Auflage, Heidelberg 1990.

Wieling, Hans Josef, Sachenrecht, 3. Auflage, Berlin (u.a.) 1997.

Wolf, Ernst, Lehrbuch des Sachenrechts, 2. Auflage, Köln (u.a.) 1979.

Wolf, Manfred, Sachenrecht, 15. Auflage, München 1999.

Wolff, Martin/Raiser, Ludwig, Sachenrecht, 10. Bearbeitung, Tübingen 1957.

Wurm, Carl/Wagner, Hermann/Zartmann, Hugo, Das Rechtsformularbuch, 12. Auflage, Köln 1989, zit.: Wurm/Wagner/Zartmann(Bearbeiter).

Zangs, Wilhelm, Die Vorteilsausgleichung bei der Ausbietungsgarantie, Diss. Köln 1931.

Zeller, Friedrich/Stöber, Kurt, Zwangsversteigerungsgesetz, 16. Auflage, München 1999.

Zschaler, Erich, Zum Unterschied von Ausbietungsgarantie und Bürgschaft, in: LZ 1919, S. 839.

Schriften zum Handels- und Wirtschaftsrecht

Herausgegeben von Herbert Leßmann

Band 1 Thomas Häuser: Die Eigenmittel der Kreditinstitute und mögliche Erweiterungen. 2000.

Band 2 Susanne Koch: Schutz vor kommerzieller Markenverunglimpfung durch das Markengesetz. 2001.

Band 3 Andreas Lachmann: Haftungs- und Vermögensfolgen bei Sitzverlegung ausländischer Kapitalgesellschaften ins Inland. 2000.

Band 4 Markus Fischer: Die freie Benutzung beim Schreiben künstlerischer Literatur. 2001.

Band 5 Frank Zingel: Ausbietungsgarantien. Rechtliche Probleme eines Kreditsicherungsmittels. 2001.

Peter Lang · Europäischer Verlag der Wissenschaften

Schnapp, Friedrich E. (Hrsg.)

Finanzierungsfragen der Sozialversicherung

Am Beispiel des Arbeitsförderungsrechts
Tagungsband zum 31. Praktikerseminar des Instituts für Sozialrecht am 28. November 1998 in Bochum

Frankfurt/M., Berlin, Bern, Bruxelles, New York, Wien, 2000. 120 S.
Bochumer Schriften zum Sozialrecht. Bd. 4
Herausgegeben von Friedrich E. Schnapp
ISBN 3-631-35799-0 br. DM 45.–*

Die aktuelle Situation der Systeme der sozialen Sicherheit ist seit geraumer Zeit durch erhebliche Finanzierungsprobleme gekennzeichnet, die auf die demographische und gesamtwirtschaftliche Entwicklung mit nachlassendem Wirtschaftswachstum und einer zunehmenden Anzahl von Arbeitslosen und Frührentnern zurückzuführen ist. Dem Arbeitsförderungsrecht kommt in diesem Zusammenhang insofern besondere Bedeutung zu, als die anhaltend hohe Arbeitslosigkeit sowohl Einnahmeausfälle als auch Ausgabensteigerungen zur Folge hat. Im Rahmen des 31. Praktikerseminars des Instituts für Sozialrecht haben sich ausgewiesene Fachleute mit dem Problem der Beitragsfinanzierung in der Arbeitslosenversicherung befaßt und alternative Finanzierungsformen vorgestellt.

Aus dem Inhalt: Ferdinand Kirchhof: Sozialversicherungsbeitrag und Finanzverfassung – Stefan Sell: Versicherungsfremde Leistungen und Beitragsfinanzierung – Robert Reichling: Finanzierungsfragen der Sozialversicherung – am Beispiel des Arbeitsförderungsrechts – Alternative und ergänzende Finanzierungsformen.

Frankfurt/M · Berlin · Bern · Bruxelles · New York · Oxford · Wien
Auslieferung: Verlag Peter Lang AG
Jupiterstr. 15, CH-3000 Bern 15
Telefax (004131) 9402131
*inklusive Mehrwertsteuer
Preisänderungen vorbehalten

FSC
www.fsc.org
MIX
Papier | Fördert gute Waldnutzung
FSC® C083411

Kolibri 360 GmbH
Ferdinand-Jühlke-Straße 7
99095 Erfurt, Deutschland
produktsicherheit@kolibri360.de

Druck:
CPI Druckdienstleistungen GmbH
im Auftrag der
Kolibri 360 GmbH
Ferdinand-Jühlke-Str. 7
99095 Erfurt